Teoria da regulação
Os fundamentos

Robert Boyer

Teoria da regulação
Os fundamentos

Tradução
Paulo Cohen

Estação Liberdade

Título original: *Théorie de la régulation. 1. Les fondamentaux*
Copyright © Éditions La Découverte, 2004
© Editora Estação Liberdade, 2009, para o prefácio
© Editora Estação Liberdade, 2009, para esta tradução

Preparação e Revisão	Alyne Azuma e Huendel Viana
Revisão da tradução e tradução do prefácio	Angel Bojadsen
Composição	Johannes C. Bergmann / Estação Liberdade
Capa	Estação Liberdade
Imagem da capa	© Alexander Calder, *Standing mobile* (1930) Age Fotostock/Keystock INH-217694 Licenciado por AUTVIS, Brasil, 2009
Editores	Angel Bojadsen e Edilberto F. Verza

CIP-BRASIL – CATALOGAÇÃO NA FONTE
Sindicato Nacional dos Editores de Livros, RJ

B785t
Boyer, Robert, 1943-
    Teoria da regulação. Os fundamentos / Robert Boyer; tradução Paulo Cohen. – São Paulo : Estação Liberdade, 2009.
    il.

    Tradução de: Théorie de la régulation, 1 : les fondamentaux
    Inclui bibliografia e índice
    ISBN 978-85-7448-176-0

    1. Equilíbrio econômico. 2. França – Política econômica. I. Título.

09-6035.   CDD: 338.944
                                      CDU: 338.1(44)

Todos os direitos reservados à
Editora Estação Liberdade Ltda.
Rua Dona Elisa, 116 | 01155-030 | São Paulo-SP
Tel.: (11) 3661 2881 | Fax: (11) 3825 4239
www.estacaoliberdade.com.br

SUMÁRIO

Analisar a especificidade dos problemas
contemporâneos do Brasil: potencialidades
da abordagem regulacionista
Prefácio à edição brasileira 11

Introdução 19
   Filiação marxista 20
   As sete questões da teoria da regulação 21
   Apresentação sintética 22

1. **Base de uma economia capitalista:
   as formas institucionais** 27
   Retorno à economia política 28
      De Thomas Hobbes a Adam Smith 28
      *O princípio do individualismo contra o otimismo
   do mercado* 31
   Instituições ocultas de uma economia de mercado 32
      Regime monetário, primeira instituição básica 33
      O mercado é uma construção social 35
      Diversidade das formas de concorrência 38
      Da procura de trabalho à relação salarial 41
      *Do produtor à empresa concebida
   como organização* 44
   A questão central da teoria da regulação 46
   Relações Estado/economia 48
      A escolha do regime monetário é política 49
      Não há concorrência sem intervenção pública 49

Relação salarial e cidadania	51
O Estado sujeito a lógicas contraditórias	52
Estado-nação inserido na economia internacional	52
Conclusão: Cinco formas institucionais	54

2. Das leis de ferro do capitalismo à variedade dos modos de regulação

	55
Releitura crítica da ortodoxia marxista	55
Especificar a forma das relações sociais	56
Mudança nas próprias relações sociais	57
Não há dinâmica excepcional do modo de produção capitalista	58
Estado, o vetor dos compromissos institucionalizados e não somente agente do capital	59
As crises se sucedem, mas não se parecem	61
Elaborar conceitos intermediários: as formas institucionais	63
Regulação a priori problemática	65
Como acabam surgindo os modos de regulação?	67
Modos de regulação comparados em escala secular	70
Regulação à maneira antiga: até o final do século XVIII	70
Regulação da concorrência típica do século XIX	71
O período longo da mudança: período entre-guerras	71
Regulação monopolista: os trinta gloriosos anos	73
Modos de regulação contemporâneos	74
Acirramento da concorrência, inclusive internacional	74
Um modo de regulação dominado pela terceirização?	75
Um modo de regulação financeirizado?	76
Conclusão: equilíbrio, desequilíbrio... regulação	76

3. Regimes de acumulação e dinâmica histórica

	79
Dos esquemas de reprodução aos regimes de acumulação	79
Origem e significação	80
Sequência de regimes de acumulação	82

Caracterizar os modos de desenvolvimento 82
Acumulação extensiva com regulação
de concorrência 82
Acumulação intensiva sem consumo de massa 84
Acumulação intensiva com consumo de massa 85
Acumulação extensiva com aprofundamento das
desigualdades 87
Formalizar o fordismo para estudar sua
viabilidade e as crises 90
Encadeamentos-chave 90
Equações de base 91
Três condições de viabilidade 94
Fontes de crise 96
Modelo geral com vários regimes 98
Reintroduzir os fatores de concorrência 98
Multiplicidade de regimes de produtividade e de procura 99
Retorno à periodização 101
Conclusão: o fordismo, conceito importante
mas não exclusivo 103

4. **Teoria das crises** 105
Dialética crescimento/crise 105
Concepção geral 106
Gama completa de crises 107
Quadro de leitura da história das crises 109
Esgotamento endógeno do modo de desenvolvimento 112
Crise do fordismo 112
Endometabolismo: formalização 114
Propriedade geral 116
A acumulação tende a exceder o espaço da regulação 119
Desde as origens do capitalismo 119
Fordismo desestabilizado pela internacionalização 120
Economias dependentes: a crise dos modos de
desenvolvimento puxados pelas exportações 122
Liberalização financeira, fator de desestabilização
dos regimes de acumulação 124

Contornos de um regime de acumulação
alavancado pela finança 126
Um regime que pode ser viável, mas, no futuro,
castigado por instabilidades 128
A finança, fator de propagação das crises 131
Incoerência do regime de acumulação, algum tempo
dissimulada pela plasticidade da finança globalizada 133
Conclusão: recorrência das crises, mudança
das suas formas 136

Conclusão 139
Anomalias em busca de explicações 139
Do bom uso do conceito de "capitalismo" 140
Paradoxo da origem das instituições econômicas 140
Macroeconomia institucional e histórica 141
O economista, um Sísifo moderno 142

Cronologia: origens e etapas da teoria da regulação 145

Referências bibliográficas 149

ANALISAR A ESPECIFICIDADE DOS PROBLEMAS CONTEMPORÂNEOS DO BRASIL: POTENCIALIDADES DA ABORDAGEM REGULACIONISTA

Prefácio à edição brasileira

A publicação no Brasil desta obra, editada em francês em 2004, vem muito a propósito em um contexto internacional novo, em uma conjuntura intelectual sem precedentes em um momento bem particular da história econômica brasileira. Efetivamente, a fase da globalização puxada pelas finanças acaba de registrar uma ruptura brutal, o equivalente de uma crise cardíaca. O consenso em torno da metodologia e das conclusões da teoria-padrão mostrou seus limites face a sua incapacidade de antecipar a natureza e a violência da crise financeira nascida nos Estados Unidos. Enfim, e sobretudo, entre as economias ditas emergentes neste fim de 2009, o Brasil é visto como um dos países mais promissores, a ponto de suscitar um fluxo de capitais que pode tanto consolidar o novo modo de desenvolvimento emergente quanto desestabilizá-lo se esse país vier a ser atingido por uma fase aguda de especulação que a qualquer momento pode bruscamente se interromper.

Devemos considerar a presente obra como uma *macroeconomia institucional e histórica* que insiste tanto na diversidade dos capitalismos e dos modos de desenvolvimento quanto na sucessão de crises, sempre renovadas, mas das quais as formas precisas mudam no tempo e no espaço. Esta teoria foi pacientemente construída desde o fim de 1970 pela sequência de *estudos de longa duração* sobre os Estados Unidos, França, Japão, Coréia, Taiwan, mas também de *estudos comparativos* versando sobre diversos países da América Latina como Chile, Venezuela, México, Argentina e evidentemente o Brasil. A oposição no que diz respeito à economia padrão, em termos de economia de base, metodologias e resultados, é manifesta.

Devemos efetivamente à comunidade dos pesquisadores regulacionistas a criação e depois a aplicação de uma série de conceitos originais. Eles estão apresentados nesta obra. Na hipótese de uma exclusividade dos fenômenos de mercado, essa teoria insiste sobre a necessária complementaridade entre esses últimos, as formas de organização e as instituições, conjunto que define a viabilidade ou não das configurações institucionais complexas que definem os capitalismos contemporâneos. Os estudos históricos e comparativos mostraram, em primeiro lugar, portanto, a importância da *relação salarial* na gênese do modelo de crescimento rápido do pós-Segunda Guerra Mundial, depois explicitaram a contribuição do *regime monetário* e do crédito para a constituição de um crescimento puxado pela financeirização. A essas duas primeiras formas institucionais, devemos acrescentar uma caracterização da variedade das *formas de concorrência*, das *relações-economia* e mais ainda *das modalidades de inserção de um Estado-nação na economia mundial*.

A conjunção dessas formas institucionais define a natureza dos processos de ajuste que conduzem *um regime de acumulação*, que neste caso é a contrapartida dos modelos de crescimento da teoria-padrão. Essa condução intervém por meio do *modo de regulação*, que para um regime estabelecido garante a viabilidade desta acumulação e permite a descentralização da estratégia dos atores, tanto coletivos quanto individuais. Enfim, mais além de um ciclo de negócios, que seria mais ou menos invariante num período longo, as abordagens da regulação insistem sobre a variedade das *formas de crise*. Ora expressão de puros choques exógenos, ora consequências da eficácia do modo de regulação em reabsorver os desequilíbrios da acumulação: podemos qualificar tais episódios como "*pequenas crises*". Mas há circunstâncias em que o próprio modo de regulação emperra, de modo que a retomada econômica não é endógena, mas supõe uma ou outra forma de intervenção coletiva. Enfim, pode ser que a perda de coerência do regime de acumulação em si explique a incapacidade de reencontrar um regime de crescimento a longo prazo. Nesses dois últimos casos, trata-se de "*grandes crises*" que supõem, para serem sobrepujadas, um reajuste da própria configuração institucional. Os mecanismos de mercado não têm essa propriedade, de modo que as lutas sociais e os conflitos políticos são a expressão dessa busca de formas alternativas de reorganização tanto da economia quanto das relações sociais.

Não apenas os conceitos de base são diferentes, mas a metodologia aplicada também é original. Trata-se, para a teoria da regulação, de raciocinar corretamente sobre *hipóteses pertinentes* e não sobre modelos de economias fictícias, criados para a comodidade do teórico. Donde importa ir buscar na prática, assim como nas pesquisas históricas, sociais e políticas, uma caracterização da natureza das formas institucionais e de fazer derivar delas mesmas consequências para a estratégia dos atores. A uma racionalidade substancial fundada sobre o cálculo e a otimização num ambiente estacionário, deve-se substituir por *uma racionalidade histórica e institucionalmente situada*. A noção de equilíbrio deve ser trocada pela de *processo* e importa verificar por meio da econometria e da construção de um modelo de conjunto se a conjunção das formas institucionais em vigor define ou não o regime de acumulação viável. Existem em particular contextos nos quais as incoerências levam a melhor face aos fatores de coesão: os percalços da economia argentina testemunham o perfil acidentado que podem tomar as evoluções macroeconômicas, nos antípodas da referência a um equilíbrio estável se aproximando progressivamente de um ótimo de Pareto.

Não será nenhuma surpresa se os resultados e as conclusões estiverem bem diferentes daqueles do mantra da teoria-padrão e mais ainda dos defensores do livre mercado. Em primeiro lugar não é mais possível construir uma economia pura, pois as instituições econômicas são *inseridas num espaço social e político*. Tomemos a moeda: condição permissiva nas trocas mercantis, ela é a expressão de uma soberania política. Compreenderemos a seguir as razões profundas da persistente *diversidade das formas de capitalismo*, pois cada formação social é o resultado de uma sequência original de lutas, de crises, de compromissos políticos e especializações econômicas. Nesse sentido, é discutível, ou até radicalmente falso, postular a existência de uma forma canônica de capitalismo em direção à qual todas as outras seriam condenadas a convergir. É muito mais pertinente demonstrar sua coexistência a longo prazo visto que a diversidade de suas configurações institucionais organiza sua complementaridade. Para tomar apenas dois exemplos, pode-se imaginar *o capitalismo financeirizado* americano sem sua articulação com a economia chinesa ou ainda a produção de massa sem o complemento que trazem os capitalismos especializados na exploração de produtos de alta inovação, qualidade e tecnologia? Da mesma forma o dinamismo da industrialização e do crescimento da China, do Brasil e da Índia não implica em efeito bumerangue a crescente importância dos *países rendeiros* produtores de matérias primas? Em suma, a diversidade das formações econômicas e sociais não é a expressão de uma simples inércia ou de um arcaísmo que a modernidade terminaria por solapar: ela é constitutiva do capitalismo em si.

Outro resultado central da teoria tange à sua capacidade de distinguir, quase em tempo real, entre *pequenas* e *grandes crises*. As abordagens da regulação nascem do diagnóstico precoce de sua chegada aos limites do fordismo, regime de acumulação que se desenvolveu, após a Segunda Guerra Mundial, tanto nos Estados Unidos quanto na Europa, sobre a base de um compromisso capital/trabalho sem precedentes. Elas realçam o quanto a crise deslanchada pelos choques petroleiros dos anos 1970 é diferente da grande crise dos anos 1930, que era a de uma acumulação extensiva sem consumo de massa. *Mutatis mutandis*, ao passo que os economistas padrão não param de comparar a crise iniciada em 2008 com a de 1929, a teoria da regulação destaca a forma original que assume, nos Estados Unidos, a crise de um regime de acumulação puxado pela financeirização. Posto que cada economia tenha as crises de sua estrutura, como o mostrou a escola histórica dos Anais, as crises, tanto pequenas quanto grandes, se sucedem, mas não se parecem.

Qual pode ser o interesse desta abordagem para o Brasil contemporâneo? Sem dúvida, produzir uma análise renovada por algumas das questões da situação atual. Desde o início dos anos 2000, as políticas aplicadas permitiram que se depreendesse um novo modo de desenvolvimento fundado sobre um crescimento regular por inclusão social e modernização tanto das instituições do amparo social quanto das formas de organização e das tecnologias? No contexto atual de um excesso de liquidez em escala mundial, como evitar que o aporte de capitais estrangeiros não venha favorecer uma bolha especulativa, carregada de ameaças quanto à continuidade da luta contra a pobreza quando deságua numa crise profunda? Idealmente, quais deveriam ser as modalidades de inserção do Brasil nas relações internacionais em matéria de comércio, finanças, direitos de propriedade intelectual? Última intuição sugerida por esta teoria: uma análise das extensões de conflitos no seio do regime de acumulação não permitiria detectar em tempo real as fontes da próxima grande crise a fim de preveni-la melhor?

No passado recente, vários pesquisadores brasileiros recorreram às abordagens da regulação para esclarecer os problemas que encontrava na época a economia brasileira. Eles já contribuíram para estender a pertinência da teoria mostrando a originalidade da trajetória de desenvolvimento de seu país. Manifestamos o desejo de que a publicação desta obra suscite uma nova geração de tais trabalhos.

Robert Boyer
Paris, dezembro de 2009

À memória de Jean-Paul Piriou, que tantas vezes me pediu este livro, mas que não teve o prazer de vê-lo terminado e enfim publicado.

Agradeço a Pascal Combemale, que soube me motivar a colocar novamente no âmbito da profissão este trabalho, tantas vezes adiado. Por fim, esta obra não seria possível sem a ajuda, a perseverança e o talento de Jacqueline Jean, em circunstâncias todavia difíceis.

Introdução

A maioria das teorias econômicas contemporâneas concentra-se nos problemas relacionados à *economia de mercado*. Ou nos vangloriamos de suas virtudes insubstituíveis, como preconiza a Escola de Chicago, a exemplo de Milton Friedman, ou propomos corrigir suas falhas segundo os preceitos do neokeynesianismo, do qual um eminente representante é Joseph Stiglitz. Para essas duas vertentes de pesquisa, o mercado é a forma canônica de coordenação econômica entre agentes considerados iguais. Evidentemente, como na tradição keynesiana, o Estado pode corrigir as limitações do mercado, mas sua intervenção é apenas uma solução à qual recorremos na falta de algo melhor com relação ao ideal de um mercado de concorrência perfeita.

Referir-se ao capitalismo implica distinguir esse modo de produção de uma economia de pequena produção mercantil, para retomar os termos de Karl Marx. O fato de indivíduos comerciantes estabelecerem uma concorrência entre si não basta para caracterizar o capitalismo. Na realidade, as entidades básicas do capitalismo são as empresas, isto é, entidades que estabelecem uma relação social bem diferente, uma relação de produção em virtude da qual os empregados, por meio do pagamento de um salário, submetem-se à autoridade do empresário e/ou de gerentes, aos quais é delegada a gestão. Essa relação social não se reduz a uma relação mercantil pura, já que envolve uma submissão hierárquica, em desacordo com a horizontalidade que damos ao funcionamento de um mercado típico.

A particularidade é reconhecida pelas novas teorias microeconômicas, que evidenciam as assimetrias de informação, a seleção adversa e a álea moral que caracterizam o contrato de trabalho. Porém essa área de análise não representa um retorno à definição das evoluções macroecômicas a médio e longo prazo. O interesse da noção de capitalismo é salientar como a interação da relação de concorrência e da relação de produção assalariada aciona uma inversão de perspectivas com relação a uma economia somente mercantil. O objetivo da pequena produção mercantil é a satisfação das necessidades por meio da produção de mercadorias e da circulação delas graças à intermediação da moeda. No capitalismo, é a lei da acumulação do capital que prevalece; a produção de mercadorias é apenas a fase transitória de um circuito do capital como "valor que se valoriza", para retomar a expressão de Marx.

Filiação marxista

A teoria da regulação inscreve-se nessa tradição teórica, mas pretende melhorar e estender as análises de O *Capital*, tanto à luz dos *métodos modernos* do economista quanto dos ensinamentos tirados das *transformações do capitalismo* desde o fim do século XIX.

De fato, a lei da queda tendencial do lucro — na verdade em oposição a muitas contratendências — não é logicamente resultado das teorias de Marx. A noção de regime de acumulação e suas diversas formalizações resultam em uma diversidade de evolução dos lucros compatíveis com os incitamentos e obstáculos que o capitalismo propaga.

Outra fonte de inspiração é a frequentação da longa história do capitalismo. Em primeiro lugar, ela nos mostra mudanças importantes nas relações entre o comerciante, o produtor, o banqueiro, o financista, sem esquecer do Estado.

É difícil imaginar uma teorização que não leve em conta tais transformações. Em segundo lugar, o século XX trouxe grandes ensinamentos e interrogações. Como explicar o caráter atípico da crise de 1929? *A contrario*, como se pode narrar o notável crescimento observado após a Segunda Guerra Mundial? Por que esse processo virtuoso se refreia e entra em crise a partir do final dos anos 1960? Por fim, a grande diversidade das trajetórias acompanhadas desde então nos Estados Unidos, na Europa, no Japão e mais recentemente na China nos leva a deslocar a análise de um modo de produção invariante à tentativa de interpretação da variedade das formas contemporâneas de capitalismo.

As sete questões da teoria da regulação

Com relação à questão inicial acerca das origens do refreamento do crescimento dos trinta anos gloriosos [de 1945 a 1973, do fim da Segunda Guerra ao choque do petróleo (N.E.)], a teoria da regulação estendeu progressivamente seu domínio de análise a partir de uma dupla influência. Por um lado, o *próprio desenvolvimento das noções de base* e dos métodos fez nascerem novas questões e dificuldades. Por exemplo, pode-se formalizar simultaneamente um regime de crescimento e sua desestabilização? Quais são os instrumentos capazes de apreender os fatores que explicam o surgimento de novas formas de capitalismo? Por outro lado, a *história econômica e financeira* do último quarto de século não deixou de fornecer um quinhão de surpresas.

A derrocada das economias de tipo soviético e o recrudescimento das crises financeiras fizeram surgir uma questão que parecia respondida: "O que é capitalismo?" Muitos atores se indagaram sobre o tema dos méritos e das fragilidades do capitalismo, de financistas internacionais [Soros, 1998] e grandes empresários franceses [Bébéar, 2003] a especialistas financeiros [Rajan, Zingales, 2003]. Alguns economistas, como

Joseph Stiglitz, lançam um olhar crítico sobre o impacto da globalização. Stiglitz [2002, 2003] foi levado a se indagar sobre a convergência dos capitalismos. Tais indagações vêm se juntar às questões centrais da teoria da regulação:

1. Quais são as instituições básicas, necessárias e suficientes para o estabelecimento de uma economia capitalista?
2. Em quais condições uma configuração dessas instituições cria um processo de ajuste econômico dotado de certa estabilidade dinâmica?
3. Como explicar que crises se renovem periodicamente no próprio âmago de regimes de crescimento que anteriormente tinham encontrado sucesso?
4. Sob o impacto de quais forças as instituições do capitalismo se transformam: pela seleção, pela eficiência, como pressupõe a maior parte das teorias econômicas, ou por obra do papel determinante da esfera política?
5. Por que as crises do capitalismo se sucedem sem, entretanto, ser a repetição idêntica das mesmas sucessões de eventos?
6. Dispomos de instrumentos capazes de examinar a viabilidade e a verossimilhança de diferentes formas de capitalismo?
7. Podemos analisar simultaneamente um modo de regulação e suas formas de crise?

Apresentação sintética

Esses são, portanto, os temas que este livro aborda. Em primeiro lugar, apresentamos duas derivações distintas das formas institucionais básicas dos modos de regulação. A primeira inscreve-se na linha-mestra da tradição, que parte da economia política para culminar nas teorias do equilíbrio geral. Seu intuito é tornar claras as instituições ocultas de uma economia de mercado (Capítulo 1). A segunda derivação parte de uma avaliação crítica da herança marxista em matéria de esquema de reprodução.

QUADRO 1. O QUE A TEORIA DA REGULAÇÃO NÃO É. SOBRE ALGUNS MAL-ENTENDIDOS

Um aviso liminar é importante para evitar um mal-entendido que se tornou muito frequente à medida que os economistas adotaram sem precaução as terminologias anglo-saxônicas. De fato, na literatura internacional, a teoria da regulação diz respeito atualmente às modalidades segundo as quais o Estado delega a gestão de serviços públicos e coletivos a empresas privadas com a premissa de instituir agências administrativas independentes, chamadas de *agências reguladoras*. Na realidade, essas agências multiplicaram-se na França, quer se trate, por exemplo, do Conselho Nacional do Audiovisual, das autoridades reguladoras dos serviços de telecomunicações ou ainda da autoridade reguladora dos mercados financeiros.

O contrassenso chega ao cúmulo quando uma análise do capitalismo centrada na questão "Como compromissos institucionalizados, *a priori* independentes uns dos outros, acabam definindo um sistema viável?" se confunde com uma recomendação normativa sobre delegação de prerrogativa de poder público por meio da edição de regulamentações e negociação de contratos. Eis a origem da confusão já que, na língua inglesa, *regulation* significa "regulamentação".

Tal mal-entendido vem de uma longa linhagem. Na França, a regulação foi muitas vezes interpretada como resultado da ação do Estado, o poder concedente e organizador, em resumo, o planejador. Entretanto, os trabalhos regulatórios mostraram que, mesmo à época dos trinta anos gloriosos, as políticas econômicas de inspiração keynesiana eram apenas um dos componentes dos modos de regulação vigentes. Paralelamente, as políticas de desregulação — na realidade, em francês, chamadas de desregulamentação — foram interpretadas como políticas que tornam possível o advento dos mercados de concorrência perfeita.

Há uma última confusão que devemos abordar. O modelo de crescimento do pós-guerra centrava-se sobremaneira em compromissos inerentes a cada Estado-nação, num contexto internacional permissivo. Essa é a razão pela qual várias pesquisas concentraram-se no espaço nacional. Quando a internacionalização e a financeirização passaram a exercer sua influência, a teoria da regulação, contudo, não perdeu relevância. Na realidade, ela deixa em aberto a escolha do nível apropriado de análise: local, regional, nacional, mundial. A construção europeia constitui, nesse sentido, um notável campo de desenvolvimento da teoria.

É então possível definir um modo de regulação como resultado da conjunção de certo número de formas institucionais. Trata-se de insistir sobre o caráter aberto da existência ou não de um modo de regulação, o que estabelece a noção de crise como complementar à noção de regulação. Além disso, a análise histórica nos mostra uma sucessão de modos de regulação distintos (Capítulo 2).

No entanto, as formas institucionais não condicionam apenas os ajustes de curta ou média duração, elas formam também as condições de acumulação e, consequentemente, os regimes de crescimento de longo prazo. Na realidade, as instituições não são simples fricções com relação a um equilíbrio de longa duração determinado somente pelas preferências dos consumidores, confrontados pelas potencialidades que as tecnologias oferecem. Mais uma vez, a análise histórica de longa duração evidencia a multiplicidade dos regimes de acumulação (Capítulo 3).

Ainda que a maior parte das teorias econômicas dão pouco ou nenhum espaço à noção de crise, a particularidade da teoria da regulação é examinar simultaneamente as propriedades de um modo de regulação e os fatores endógenos de sua desestabilização. Ademais, as crises apresentam pelo menos cinco aspectos que é importante distinguir. É possível explicitar um pequeno número de mecanismos que dão origem às crises dos modos de regulação ou dos regimes de acumulação. Trata-se de examinar a viabilidade de alguns regimes contemporâneos emergentes (Capítulo 4).

Em primeiro lugar, já que as grandes crises manifestam uma ruptura dos determinismos econômicos anteriores, outros determinantes, sobretudo políticos, parecem fundamentais para que se coloquem em movimento os compromissos institucionais a partir dos quais se pode eventualmente construir um novo modo de regulação. Instrumentos de análise inteiramente diversos, portanto, devem ser mobilizados para apreender os fatores que condicionam o surgimento de novos modos de regulação. Em segundo lugar, a internacionalização, muitas vezes chamada de globalização, não implica uma convergência para uma forma canônica de capitalismo, dominada pelos mercados. Trata-se também de mencionar a questão dos níveis de regulação, que se escalonam do local ao mundial, passando pelas zonas de integração regional.

1

BASE DE UMA ECONOMIA CAPITALISTA: AS FORMAS INSTITUCIONAIS

É um bom método nos indagarmos, em primeiro lugar, sobre as instituições básicas de uma economia capitalista. Ocorre que as várias pesquisas institucionais contemporâneas propuseram uma grande variedade dessas instituições: normas, valores, convenções, regras jurídicas, organizações, redes, Estado, etc. São noções que se acumulam sem que se lhes percebam os traços comuns, apenas o fato de constituírem mecanismos de coordenação alternativos ao mercado. É possível então encontrar bases mais sólidas para uma economia institucional?

É o caso de buscarmos responder a uma questão fundamental que se encontra não só na economia, mas também na maioria das ciências sociais: por que a competição entre indivíduos autônomos, preocupados somente com seus interesses, não leva ao caos? É a mesma questão que a teoria do equilíbrio geral buscou responder. Deduz-se daí que a viabilidade de uma economia de mercado não depende somente de condições de análise bem particulares (ausência de externabilidades, de bens públicos, separabilidade da eficiência econômica com relação aos julgamentos em termos de equidade, etc.), mas também da existência de instituições reconhecidas que lidam com o regime monetário, a qualidade dos bens e a organização da concorrência. Se reintroduzirmos progressivamente esses componentes, ficaremos surpresos ao encontrarmos a maioria das formas institucionais que se encontram no âmago da teoria da regulação.

Retorno à economia política

A economia surge como disciplina ao cabo de um processo multissecular durante o qual a atividade econômica torna-se progressivamente autônoma com relação ao âmbito político e às relações sociais herdadas da tradição feudal. Surge então a figura de agentes individualistas que defendem seus próprios interesses, o que nos leva a uma nova questão, que se encontra no cerne da modernidade e alicerçam, nesse sentido, as ciências sociais: como não temer que a competição e os conflitos associados à busca apenas do próprio interesse individual não resultem na desordem, no caos, na anarquia?

Tanto a filosofia política quanto a economia política constroem-se a partir da tentativa de fornecer uma resposta a essa questão, que continua implícita ou explícita na maioria das pesquisas contemporâneas (*cf.* Figura 1).

Desde os primórdios, entretanto, os pensadores têm duas respostas bem divergentes.

De Thomas Hobbes a Adam Smith

Para Thomas Hobbes, a *violência de todos contra todos* é consequência direta da competição entre indivíduos. Só a delegação da autoridade a um soberano é capaz de pacificar a sociedade. Assim, o surgimento de um *Estado* que garanta a ordem seria a primeira condição de uma determinada sociedade e, consequentemente, de uma economia composta por indivíduos livres para ir ao encontro de seus interesses.

A resposta de Adam Smith é bem diferente, pois ele menciona uma *propriedade natural* do homem para trocar, comprar e vender. A partir do momento em que a divisão do trabalho se acentua, e com a condição de que a ordem monetária seja garantida, o *mercado* tem a propriedade de possibilitar o

BASE DE UMA ECONOMIA CAPITALISTA

Figura 1. **O devir da questão central da economia política**

Por que a competição e o conflito entre os indivíduos autônomos não levam ao caos?

Propensão natural para cambiar e trocar...

...que graças à "mão invisível" torna compatível um conjunto de comportamentos descentralizados

Adam Smith

"Homo homini lupus"...

...Mas o **soberano** mantém a ordem e a paz por meio da organização racional do bem comum

Thomas Hobbes

Resposta tradicional

Dúvidas contemporâneas

Os *burocratas* responsáveis pelo Estado defendem seu próprio interesse	*Todo construtivismo* está condenado ao fracasso	*O secretário de mercado walrasiano* é de fato um benevolente planejador central	Os processos de dedução por intuição e experiência nos mercados descentralizados raramente convergem para o equilíbrio walrasiano
James M. Buchanan	**Friedrich von Hayek**	**Jean-Pascal Bénassy**	**Kenneth Arrow-Frank Hahn**

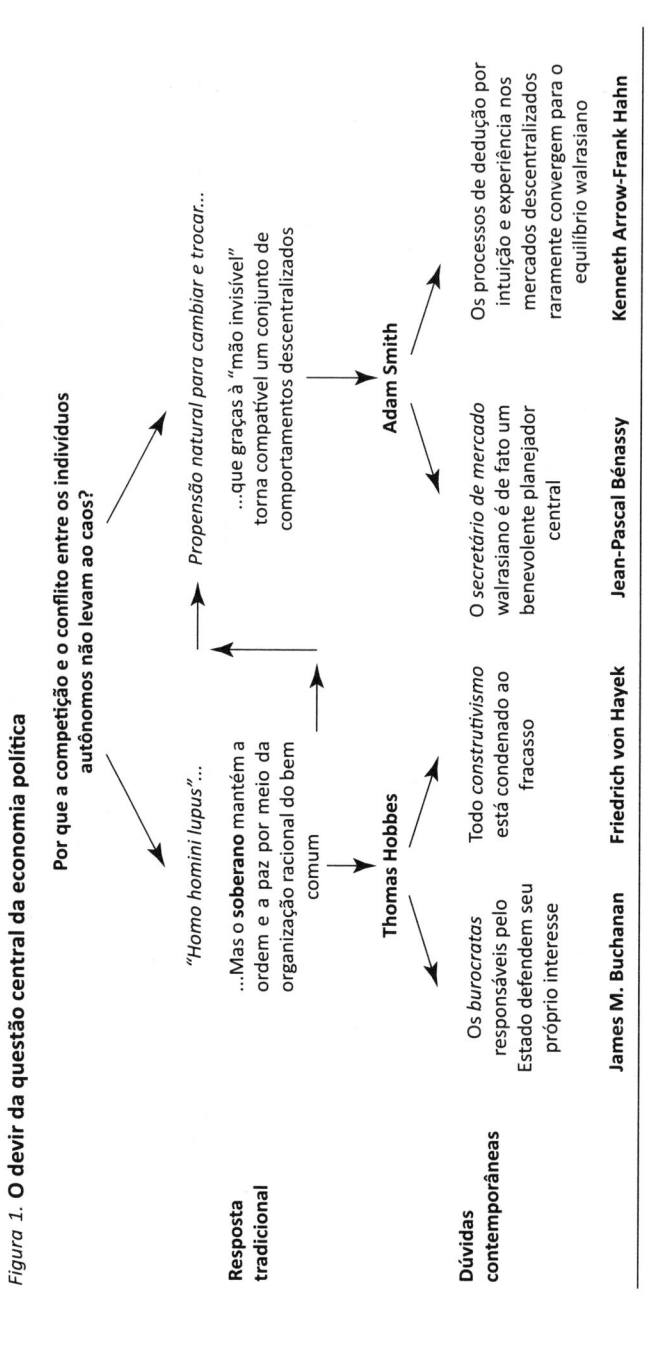

Quadro 2. O que é individualismo metodológico?

Designa-se assim a estratégia de pesquisa em ciências sociais que visa a explicar os fenômenos econômicos e sociais a partir das ações dos indivíduos. Nas teorias contemporâneas, o procedimento do individualismo metodológico dá ao agente o princípio de ação racional e procura evidenciar os resultados agregados como propriedade emergente das interações entre esses agentes. Ela lança mão de modelos entendidos como simplificação formal e abstração, propondo-se assim a criar todas as entidades coletivas a partir dessas interações individuais. O procedimento está especialmente presente na economia, mas estendeu-se também para a sociologia, as ciências políticas e até a abordagem histórica. Segundo essa concepção, instituições, convenções, regras e rotinas são como o equilíbrio de um jogo de agentes desprovidos de qualquer identidade social. Mas isso é esquecer que todo jogo se dá segundo regras aceitas pelos jogadores, portanto, que está aberto ao coletivo implícito considerado já presente, a começar pela linguagem graças à qual os jogadores se comunicam.

É o que, inclusive, reconhecem algumas pesquisas cuja tarefa é explicar o surgimento de instituições a partir do fundamento de algumas regras [Aoki, 2006], de acordo com um procedimento que pode ser reiterado em diversos níveis.

Encontramos, portanto, uma concepção *hol-individualista*. Designa-se assim uma estratégia de pesquisa que visa a articular os níveis micro e macro, libertando-se tanto do holismo padrão, que consiste em tratar o macro como resultado do equivalente de uma ação individual, quanto do individualismo metodológico puro, que recusa toda referência ao coletivo e ao social. "A articulação torna-se uma articulação entre o nível macroinstitucional, em que as ações individuais produzem instituições, e o nível microinstitucional, em que as ações individuais operam num contexto institucional dado; o nível macro torna-se assim o nível dos atores institucionais cujas ações são objeto das regras, enquanto o nível micro é o nível dos atores *tout court*, que agem no âmbito das regras dadas" [Defalvard, 2000, p. 16]. Essa abordagem evita uma regressão ao infinito, por achar um fundamento individualista para todas as formas de organização coletiva, e não confunde o tempo de constituição das instituições com o tempo de seu impacto sobre as decisões dos agentes no dia a dia.

enriquecimento de uma nação, ainda que cada um não cesse de buscar seu próprio interesse.

Assim, desde o princípio, a economia política coloca em oposição duas interpretações divergentes: ou cabe ao Estado ou ao mercado garantir a coordenação da concorrência a que se entregam os indivíduos. Esse debate assume toda sua importância quando, ao capitalismo comercial, juntam-se o capitalismo industrial e, mais tarde, o capitalismo financeiro, para seguirmos a periodização marxista tradicional. Nos dias atuais, a polarização das posições permanece, mas o avanço das ciências sociais leva a questionar as soluções simples atribuídas tanto a Thomas Hobbes quanto a Adam Smith — visto que o indivíduo smithiano é apenas um *homo economicus*, nem que seja por portar princípios morais.

O princípio do individualismo contra o otimismo do mercado

As *teorias da escolha pública* aplicam os princípios do individualismo metodológico (*cf*. Quadro 2) à esfera política e concluem com isso, como afirma James Buchanan, que os políticos e os administradores do Estado são incitados a trabalhar em prol do seu próprio interesse em detrimento de objetivos coletivos pelos quais deveriam trabalhar. Com o modismo de análises que associam intervenção do Estado, corrupção e ineficiência econômica, essas teorias não deixaram de exercer influência sobre as concepções contemporâneas do capitalismo.

O *desenvolvimento das teorias do equilíbrio geral* leva a desmentir a intuição que se encontra na origem da mão invisível como metáfora de uma série de mercados descentralizados. De fato, a matematização das intuições de Walras permite extrair as condições segundo as quais um equilíbrio de mercado existe e pode ser alcançado graças a um processo de tentativa por erro e acerto (*tâtonnement*). Entretanto o fracasso é duplo.

Em primeiro lugar, quando, além do rigor das formalizações dos teoremas de ponta fixa, vêm à tona as hipóteses básicas, percebemos que um sistema de preço que descentralize uma série de comportamentos individuais só existe desde que toda a informação seja centralizada por um agente benevolente e que as transações entre agentes sejam integralmente realizadas por intermédio dele. Em suma, a teoria do equilíbrio geral formaliza um sistema centralizado. Paradoxalmente, os trabalhos de Kenneth Arrow, Frank Hahn e Gérard Debreu mostram efetivamente a possibilidade de uma economia socialista de mercado em que a produção seria coordenada pelo sistema de preços.

Em seguida, mesmo nesse âmbito extremamente particular, uma economia apenas convergirá para um equilíbrio de mercado se todos os produtos forem substitutos brutos e/ou se os mercados forem pouco interdependentes. Mesmo com todas essas condições, nada garante a satisfação nas economias "realmente existentes".

Desses dois séculos de reflexões sobre as sociedades individualistas — e as economias de mercado — surge um violento paradoxo. A implementação do princípio do individualismo metodológico não consegue explicar a viabilidade e a resiliência, observadas na história, ainda que de duração relativamente curta, de sociedades dominadas pelo capitalismo. Mas esse fracasso revela a importância e a variedade das instituições que, do ponto de vista lógico, são necessárias para a existência de uma economia de mercado, a fortiori capitalista. A história econômica atesta a importância dessas instituições.

Instituições ocultas de uma economia de mercado

Então já que nenhum "leiloeiro" (*commissaire-priseur*, ou ainda "secretário de mercado") desempenha o papel que os teóricos sucessores de Walras lhe atribuem, quais são as instâncias capazes de garantir uma completa descentralização das trocas?

Regime monetário, primeira instituição básica

É a moeda, claramente, a instituição básica de uma economia mercantil (*cf.* Figura 2). Mais precisamente, nas economias contemporâneas, os bancos, organizados em rede, fornecem créditos às empresas e aos consumidores; essa moeda torna possíveis as transações, autorizando, em compensação, o reembolso progressivo do empréstimo ao longo de períodos posteriores. Entretanto, em cada período, as contas entre agentes e suas totalizações parciais por intermédio dos bancos não são equilibradas, de maneira que, para ajustar os déficits e os excedentes dos diferentes bancos, é possível criar um mercado de refinanciamento interbancário. Ele é eficaz desde que nenhum choque venha castigar os bancos, secando, ao mesmo tempo, a liquidez do mercado.

Pode-se então pensar em criar um seguro privado exatamente para fornecer aos bancos em dificuldade a liquidez necessária. Se esse mecanismo se revelar eficaz para bloquear um pânico bancário isolado, ele não terá a envergadura para travar o advento de uma crise sistêmica ligada à sincronização dos maus resultados dos bancos. Nesse contexto, o princípio de haver em última instância um banco central desempenhando o papel de emprestador acabou se impondo na história — já que uma parte da emissão monetária diz respeito tradicionalmente a operações de refinanciamento envolvendo obrigações públicas.

A análise das condições de estabilidade financeira, assim como a história monetária, mostra uma organização hierarquizada em que os bancos emitem moedas de crédito enquanto um *Banco Central* encarrega-se da emissão da *moeda legal*. Nesse sistema, o banqueiro central é finalmente o equivalente do leiloeiro, pois totaliza os desequilíbrios que surgem no âmbito da economia inteira.

Figura 2. **Do leiloeiro à descentralização das trocas pela moeda**

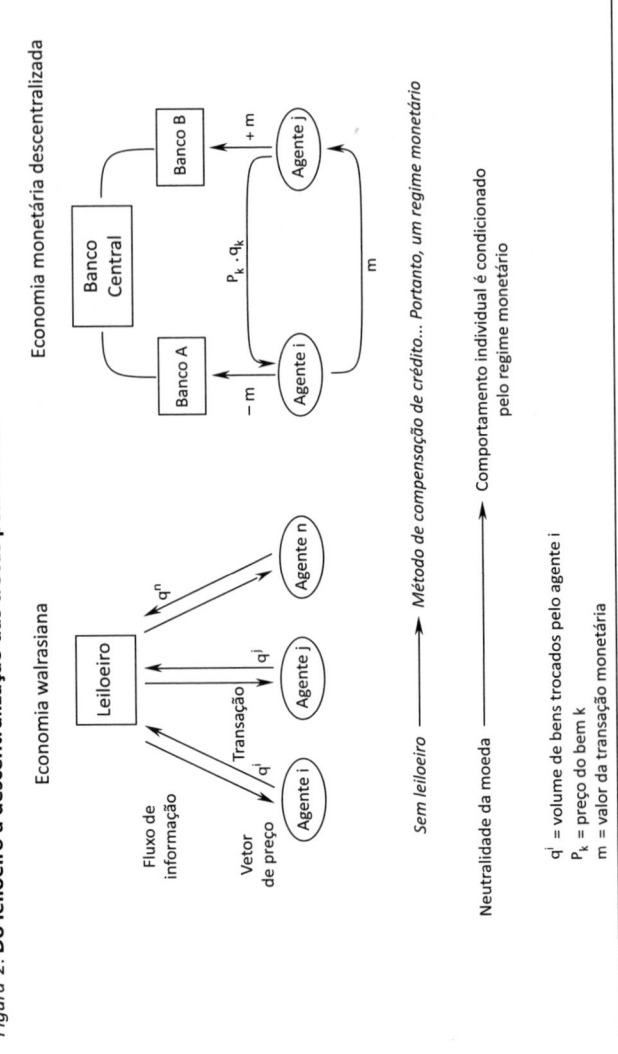

Será conveniente chamar de *regime monetário* o conjunto de regras que orientam a gestão do sistema de pagamentos e créditos. O uso do termo "regime" pressupõe que haja várias expressões da exigência monetária e da resolução dos desequilíbrios do circuito de pagamentos: falência dos bancos deficitários, criação de uma câmara de compensação entre os bancos comerciais ou ainda política de compra dos títulos públicos pelo Banco Central para alimentar a liquidez bancária.

Assim, os entes mercantis só podem operar quando a instituição monetária estiver criada e legitimada, em oposição à ficção, que desejaria que ela surgisse das dificuldades que esses entes sentem em comprar e vender por meio das operações de permuta [Aglietta e Orléan, 1998]. A moeda, portanto, surge na ordem econômica como o equivalente da linguagem. Mas não é suficiente para que seja criada a moeda como instituição, para que o interesse dos indivíduos os leve a recorrer ao mercado tal qual o formalizam a teoria walrasiana e, em seguida, as análises neoclássicas.

O mercado é uma construção social

A moeda possibilita a descentralização das trocas, de modo que a transação elementar tem como objeto o movimento de uma mercadoria em troca de moeda, o que elimina o problema da dupla coincidência das necessidades que a troca pressupõe. Se *a priori* as trocas dizem respeito a uma grande variedade de produtos e de qualidades, num dado período e num lugar bem determinado, a conjunção dessas trocas bilaterais não é, pois, governada pelo surgimento de um preço único. De fato, vai ser preciso ainda que não haja nenhuma ambiguidade a respeito da qualidade, que as trocas sejam centralizadas e que todos os mercados sejam, por fim, abertos.

Tanto a história da formação dos mercados [Braudel, 1979] quanto a macroeconomia moderna fundada nas assimetrias de informação [Stiglitz, 1987] mostram as condições nas quais se tem um preço único no mercado.

Preliminarmente: definição da qualidade — Está claro que os fornecedores geralmente têm uma *informação melhor* sobre a qualidade dos seus produtos que os potenciais compradores. Em alguns casos, no mercado de carros usados, por exemplo, pode haver uma apreciação imperfeita, por mera estatística da qualidade, que impeça até a abertura do mercado: os que oferecem só colocarão à venda os produtos de qualidade inferior, que não encontram compradores [Akerlof, 1984]. No que diz respeito ao trabalho, as *representações* que as empresas elaboram das competências podem introduzir uma discriminação duradoura entre indivíduos no entanto dotados *ex ante* das mesmas características [Spence, 1973].

Portanto, a *definição prévia da qualidade* é uma condição necessária para a formação de um preço no mercado. Caso contrário, com preços indiscriminados, as mercadorias ruins expulsarão as boas segundo o equivalente da lei de Gresham relativamente às moedas. Numerosos dispositivos institucionais podem cumprir essa função. Na Idade Média, por exemplo, os artesãos se reuniam em guildas a fim de garantir a qualidade dos produtos que vendiam e de evitar o colapso do mercado em decorrência de uma deterioração da qualidade. No mundo contemporâneo, agências independentes podem emitir certificações de qualidade, e firmas constroem uma reputação graças ao fornecimento regular de bens de alta e duradoura qualidade. No caso do mercado de carros usados ou com relação aos bens duráveis, a concessão de uma garantia por um período relativamente longo é um indicador da qualidade do produto. Muitas são as definições diferentes da qualidade que resultam de convenções [Eymard-Duvernay, 1989]. No entanto, nos países onde as normas de qualidade não podem ser implementadas, os mercados podem não existir ou ter uma dimensão muito reduzida, a ponto de essa lacuna institucional ter sido aventada como um dos obstáculos ao desenvolvimento [Akerlof, 1984].

Especificar as interações estratégicas entre os atores — Uma segunda condição diz respeito à agregação da oferta e da procura de tal modo que possa limitar o impacto do poder de negociação bilateral entre aquele que oferece e aquele que procura. Novamente, diversos dispositivos institucionais são possíveis. Na Idade Média aconteciam periodicamente feiras em *lugares precisos*, e o equivalente das autoridades contemporâneas de regulação dos mercados garantia que todas as transações se dessem à vista do público para evitar que um vendedor ou comprador utilizasse seu poder de negociação e sua informação em benefício próprio. Com relação a alguns produtos agrícolas, mercados de quadrantes [com lances decrescentes; *marchés au cadran* (N.E.)], por exemplo, operam por meio de uma centralização anônima da oferta e da procura mediante um sistema de informação que isola as ofertas dos compradores [Garcia, 1986]. Os títulos do Tesouro dos Estados Unidos são objeto de uma cotação eletrônica que possibilita confrontar permanentemente a oferta com uma somatória de compradores. A informatização dos mercados das bolsas e das transações das ordens de compra e venda via internet ilustra essa necessidade de centralização a fim de que prevaleça o equivalente da lei do preço único. A existência de fiadores de mercado que garantam a liquidez também é importante. Por fim, se as modalidades de interação entre oferta e procura forem alteradas, o preço do mercado mudará em proporções às vezes consideráveis [Garcia, 1986].

Essa é a razão pela qual o mercado é uma instituição que pressupõe um acordo referente à qualidade, à organização das trocas, às condições de acesso e ao modo de pagamento das transações. É, portanto, uma construção social, não o resultado de um estado da natureza, espontaneamente criado pelo *habitus* que as teorias outorgam ao *homo economicus*.

Diversidade das formas de concorrência

Essa apresentação do mercado leva a duvidar que a concorrência perfeita possa ser considerada, em toda sua generalidade, como o aferidor e a ponta de referência. Efetivamente, nessa configuração, ainda que cada um participe da formação do preço, o preço de equilíbrio impõe-se a todos [Guerrien, 1996]. É o caso de supor que, para o mercado considerado — porém não mais no âmbito da economia inteira —, exista um leiloeiro e a partir de sua conduta seja feita a troca de informações que, por sua vez, vai dar no preço de equilíbrio. Interpõem-se então somente as transações entre agentes coordenadas pelo leiloeiro. Com exceção dos procedimentos de leilão, que por sinal se apresentam sob diversas formas, a maior parte das transações não segue esse modelo.

De fato, cabe aos agentes fixar os preços, com o risco de que se instaure um processo de dedução por intuição e experiência, pois, *a priori*, ninguém conhece o preço de equilíbrio que um teórico exterior possa calcular *ex post* se, extraordinariamente, ele dispusesse do conjunto das informações necessárias. Por conseqüência, estabelecem-se comportamentos estratégicos, pois o número de agentes no mercado é limitado. Podemos imaginar por exemplo que um grupo de compradores reúna suas compras diante de uma série de vendedores cujos comportamentos são independentes ou, inversamente, que os produtores estejam de acordo com a fixação do preço. Existe, porém, toda uma série de configurações intermediárias, por exemplo, quando um dos vendedores tem a capacidade de fixar o preço ao qual se adaptam os demais concorrentes. A economia industrial, assim como toda a atualidade econômica cotidiana, sugere que a concorrência dita imperfeita é a regra, e a concorrência perfeita, a exceção.

Vamos chamar de *forma de concorrência* o processo de formação dos preços que corresponde a uma configuração-tipo das relações entre os atores do mercado. Na realidade, se distinguirmos a concorrência na produção de bens padronizados proveniente de preço de uma estratégia de diferenciação pela qualidade, as formas são ainda mais variadas que as que acabamos de mencionar — ou se as barreiras de entrada forem elevadas. A teoria da regulação evidencia pelo menos três grandes regimes de concorrência.

Um *regime de concorrência* prevaleceu ao longo do século XIX. Difere-se da concorrência perfeita por ser um processo permanente de ajuste que nunca converge para um preço de equilíbrio de longo prazo.

Em seguida, após a Segunda Guerra Mundial, temos um *regime monopolista*, pelo menos no que diz respeito aos bens industriais, tão logo se concretizou a concentração da produção e do capital, gerando um mecanismo de formação de preços inteiramente diferente. Estabelece-se então, aplicada ao custo unitário de produção, uma taxa de margem calculada para garantir uma rentabilidade média do capital na totalidade do ciclo. Como o preço não é mais a variável de ajuste, acionam-se mecanismos de racionamento da procura pela oferta, e vice-versa. A teoria do desequilíbrio (*cf.* Quadro 3) mostrou antecipadamente as consequências macroeconômicas do fato de que os preços podiam, de maneira sustentável, distanciar-se dos preços walrasianos, fazendo surgir, de acordo com o caso, um desemprego clássico (o salário real é muito alto) ou um desemprego keynesiano, se a procura efetiva for insuficiente. Ou ainda um estado de inflação reprimida quando prevalecer um excesso de procura de bem e de trabalho [Bénassy, 1984].

A terceira configuração é um regime de *concorrência administrada*. É, por exemplo, o caso à época do pós-guerra, quando o volume da escassez e um quase pleno-emprego introduzem tensões inflacionárias em decorrência das interações preço/salário/preço. Nesse contexto, era frequente o Estado, no caso o ministro da Fazenda, implementar um procedimento

Quadro 3. Contribuições e limitações da teoria do desequilíbrio

No início dos anos 1970, prevalecia uma completa dicotomia entre a teoria microeconômica, interessada unicamente no sinal dos preços relativos, e a teoria macroeconômica keynesiana, baseada no papel da procura efetiva. A importância da teoria do desequilíbrio [Bénassy, 1884] é introduzir modelos de equilíbrio geral a preços fixos, fazendo surgir a possibilidade de uma variedade de regimes, tão logo a economia se distanciasse do esquema walrasiano. O desemprego keynesiano explica-se então como a consequência de um racionamento que, por sua vez, é resultado de uma contingência quantitativa (venda ruim para as empresas, desemprego para os assalariados), em razão de um salário real inferior à produtividade e de uma política monetária e orçamentária restritiva. Apresentada como fundamento microeconômico da macroeconomia, a teoria do desequilíbrio foi criticada como postulado da rigidez dos preços. Tal hipótese era bastante problemática numa época de desregulamentação e de volta vigorosa da macroeconomia clássica [Lucas, 1984]. Entretanto essa rigidez pode estar ligada, evidentemente, à existência de uma fiscalização administrativa dos preços, mas também à concorrência oligopolística: periodicamente, as empresas têm de anunciar um preço em razão da antecipação da procura, por natureza incerta. Na concorrência imperfeita, podemos encontrar efeitos aparentemente keynesianos, ainda que John Maynard Keynes nunca tenha apelado para a concorrência imperfeita como origem do desemprego involuntário.

No âmbito da teoria da regulação, salário, preço e taxa de juros são resultado da configuração respectiva da relação salarial, das formas de concorrência e do regime monetário. Se levarmos em conta o impacto dessas regras, podemos imaginar por que os preços só raramente convergem para o valor que lhes atribuiria um teórico num modelo de equilíbrio geral. É uma pena que uma combinação entre a teoria do desequilíbrio e a teoria da regulação não tenha ocorrido, a despeito de um início promissor [Bénassy, Boyer e Gelpi, 1979].

de formação dos preços limitando a amplitude das margens e a frequência dos reajustes de preços.

Surge, portanto, a intuição — que os longos estudos históricos feitos nos EUA [Aglietta, 1976] e na França [Bénassy, Boyer e Gelpi, 1979] confirmam — segundo a qual as formas de concorrência mudam ao longo do tempo, desempenhando um papel na dinâmica econômica.

Da procura de trabalho à relação salarial

Nas teorias da troca, o trabalho é tratado como uma mercadoria como outra qualquer, já que o confronto da oferta e da procura determina o salário, nesse caso real, posto que os bens são trocados por outros sem intermediário monetário. Esse tratamento representa um problema no cerne da teoria, pois o desemprego só pode ser explicado como voluntário — diante de um salário real insuficiente, os indivíduos decidem em favor do lazer — ou como resultado da rigidez do salário, correspondendo, por exemplo, à instituição de um salário mínimo muito elevado em comparação com o que um equilíbrio de mercado preconizaria.

O trabalho não é uma mercadoria como outra qualquer — De fato, desde a origem da economia política, o tratamento dado ao trabalho distingue-se daquele que é dado às mercadorias. Em primeiro lugar, porque ele diz respeito à atividade de produção, portanto não se pode tratá-lo numa economia de pura troca, segundo afirmam autores clássicos como Adam Smith e David Ricardo. Karl Marx desenvolve essa tradição e fundamenta sua teoria do valor sobre a distinção entre trabalho e força de trabalho: o primeiro é mobilizado pelos capitalistas na produção, o segundo é objeto de uma troca em seu valor de reprodução. A mais-valia, origem do lucro, encontra sua fonte nesse distanciamento entre o valor das mercadorias criadas pelo trabalho e o valor da força de trabalho. Em seguida, porque a antropologia econômica de Karl Polanyi [1946] sugere que o trabalho faz parte das três mercadorias fictícias (as outras duas são a moeda e a natureza), cuja produção não pode ser confiada unicamente aos mecanismos de mercado (*cf.* Quadro 4).

Porém, para os economistas, um argumento determinante foi trazido pelas "novas teorias do mercado de trabalho", que distinguem um duplo componente na relação de trabalho.

Conflito estratégico no cerne do contrato de trabalho — Inicialmente, os assalariados são contratados mediante um salário, isto é, uma remuneração sem risco para o próprio empresário. Essa primeira transação acontece naquilo que se convencionou chamar de "mercado de trabalho", mas a operação não para nesse estágio, já que o trabalho não é uma mercadoria como as outras.

QUADRO 4. O TRABALHO SEGUNDO POLANYI

Uma pesquisa antropológico-econômica e de perspectiva histórica do desenvolvimento e da extensão dos mercados mostra uma distinção importante entre os diversos tipos de mercadorias capazes de ser objeto de uma troca comercial. Eis a contribuição da obra maior de Karl Polanyi [1983]. Por um lado, as *mercadorias típicas* são aquelas cuja produção é orientada pela busca do lucro em resposta à procura da clientela. Pertencem a essa categoria as matérias-primas, os produtos intermediários, os bens de consumo e os equipamentos e máquinas. Por outro lado, evidentemente, outras mercadorias são valorizadas pelos mercados, mas sua oferta não é condicionada pela mesma lógica econômica pura. É o caso da natureza, da moeda e do trabalho. A existência dessas mercadorias é condição de uma economia mercantil, mas essas *mercadorias fictícias* não podem ser produzidas segundo uma lógica comercial. Os episódios históricos durante os quais o mercado invadiu a natureza acabaram em catástrofes ecológicas; a concorrência das moedas na maioria das vezes resultou em crises ainda maiores. Por fim, a mercantilização do trabalho ocasionou, no passado, episódios dramáticos em termos econômicos e demográficos.

Em seguida, efetivamente, os assalariados submetem-se à autoridade do empresário a fim de efetuar tarefas produtivas determinadas pela iniciativa dele. Essa relação de subordinação estabelece um conflito na produção: assalariados e empresários têm interesses contraditórios relativos à intensidade e à qualidade do trabalho. Os primeiros têm interesse em minimizar os esforços com relação ao salário pago, os segundos, em maximizá--los. Esse conflito só pode ser resolvido pela concorrência no mercado de trabalho.

A partir daí, a história social mostra, e a teoria confirma, que esse conflito inerente ao trabalho lança mão de uma grande variedade de aparatos jurídicos, organizacionais e institucionais para sua solução, ao menos provisória. Entram em ação não somente as normas de esforço [Leibenstein, 1976], os dispositivos de controle (ponto, cronômetro) e as remunerações incitativas (pagamento baseado na eficiência, isto é, o salário por peça produzida, participação nos lucros, *stock-options*), mas também negociações coletivas que tendem a canalizar os conflitos graças a convenções que adequam o conteúdo do contrato de trabalho. O contrato de trabalho determina as condições de contratação, o salário inicial, os procedimentos que regem a promoção, a duração do trabalho, as vantagens sociais e as condições de expressão dos assalariados nas esferas individual e coletiva.

Esses dispositivos de fiscalização e de incitamento ao trabalho nas empresas tornam-se tão determinantes nas economias contemporâneas que o componente mercantil do trabalho é afetado por eles. Por exemplo, a empresa pode querer reduzir os custos graças a um esforço maior dos assalariados. Por essa razão, o "mercado de trabalho" não se equilibra mais por meio dos preços, mas por um racionamento: ora desemprego, ora penúria de mão de obra, mas raramente, ou quase nunca, formação do salário a partir do confronto da oferta e da procura walrasianas [Boyer, 1999].

Aspectos coletivos do contrato de trabalho — Por consequência, a própria especificidade do trabalho acarreta a noção de *relação salarial*, descrevendo as modalidades segundo as quais *cada empresa* administra os componentes que organizam o trabalho, a duração, o salário, as perspectivas de carreira, as vantagens sociais e outros elementos de salário indireto. Esses dispositivos, porém, fazem parte do sistema jurídico e institucional que determina os direitos dos assalariados, as prerrogativas dos empresários e as modalidades de resolução dos conflitos. As regras gerais que regem o trabalho assalariado definem, pois, no plano global, a relação salarial. Do ponto de vista lógico, eis a terceira forma institucional que, depois do regime monetário e das formas de concorrência, caracteriza uma economia mercantil na qual a atividade assalariada é determinante.

Do produtor à empresa concebida como organização

É no âmbito definido por essas formas institucionais que se estabelece a atividade de uma das entidades essenciais das economias de mercado: a empresa. Ela é analisada de acordo com uma grade que leva em conta a relação da teoria microeconômica padrão com a teoria do equilíbrio geral.

De um simples gestor dos fatores de produção... — Na realidade, para esses gestores, os produtores limitam-se a ter como dado o sistema dos preços relativos e a ajustar, em consequência, o nível de produção e a demanda de fatores, já que conhecem as técnicas de produção disponíveis. Levando--se ao extremo, poderíamos adiantar que o produtor pudesse ser substituído de maneira útil por um *software* de informática capaz de resolver o programa de maximização contingenciada, que é o cerne da macroeconomia padrão. Na realidade, a partir do momento em que consideramos os fatores de produção produtos como outros quaisquer, observamos uma dualidade entre o programa do consumidor e o programa do produtor [Varian, 1995], o que tem o efeito de reconduzir a economia de produção a uma economia de troca [Guerrien, 1996].

...À busca de uma organização compatível com as formas institucionais vigentes — Por outro lado, uma abordagem da empresa em termos de economia política [Eymard-Duvernay, 2004] deve levar em consideração as contingências e as oportunidades associadas às formas institucionais nas quais a empresa opera.

A empresa, para determinar sua estratégia, deve, em primeiro lugar, levar em consideração o *tipo de concorrência* que prevalece nos mercados em que opera. Geralmente, ela dispõe de margens de ação já que o setor ao qual pertence é concentrado. De maneira significativa, os serviços comerciais e de marketing visam a melhorar a posição de concorrência da empresa, o que não é mais um dado, mas um resultado da estratégia.

A empresa é também o lugar da produção, portanto, da gestão da *relação salarial*. Entretanto a relação salarial caracteriza-se por uma grande variedade de dispositivos (sistemas de remuneração e modos de controle) que, por sua vez, necessitam da especialização de uma parte dos assalariados para a gestão de pessoal. Uma parte importante das escolhas da empresa se dá em reação ou em conformidade com as instituições que determinam a relação salarial vigente na economia em questão.

Por fim, o acesso ao crédito é determinante para as escolhas em matéria de produção e de investimento da empresa. De fato, se pretende sobreviver e prosperar, uma empresa deve investir e desenvolver novos produtos e procedimentos. Operações em que o *regime monetário* tem papel preponderante, à medida que interage, de um lado, com a política de oferta de crédito via bancos e, de outro, com a evolução da valorização em bolsa. Chega-se assim à questão das relações entre regimes monetário e financeiro [Aglietta e Orléan, 1998]. Sem esquecer o papel do crédito de curto prazo na gestão do capital de giro e a atividade no dia a dia.

Surge assim uma *análise institucional da empresa* (*cf.* Quadro 5). Em primeiro lugar, sua viabilidade depende da qualidade de adequação da estratégia escolhida às coerções e incitamentos que a arquitetura institucional propaga [Boyer e Freyssenet, 2000]. Em seguida, a complexidade das tarefas de gestão, que resultam da inserção num meio, pressupõe, sobretudo, uma especialização das competências, já que a empresa é o âmbito da divisão do trabalho, sob a direção do empresário [Coriat e Weinstein, 1995]. Nesse sentido, mercados e empresas participam do princípio da divisão do trabalho, que se encontra no cerne da dinâmica das economias capitalistas [Boyer e Schméder, 1990; Ragot, 2000].

Essa construção apresenta uma derradeira importância: enquanto, com demasiada frequência, a corrente neoinstitucionalista contemporânea [Ménard, 2000] assimila instituições, organizações e convenções, ela diferencia claramente essas três entidades (*cf.* Figura 3, pág. 50) e adota uma concepção orgânica de empresa [Berle e Means, 1932] opondo-se, portanto, à abordagem jurídica padrão que faz com que a sociedade acionária seja propriedade dos acionistas, concepção que conheceu um novo interesse durante a tendência do valor acionário. De fato, os próprios estatutos da sociedade acionária organizam uma separação entre a irreversibilidade do comprometimento produtivo, que os dirigentes gerenciam, e a liquidez dos direitos de propriedade, de que se beneficiam os acionistas [Blair, 2003].

A questão central da teoria da regulação

Dada a multiplicidade das formas institucionais de uma economia capitalista, quais são os mecanismos capazes de garantir

> **QUADRO 5. TEORIA INSTITUCIONALISTA DA EMPRESA**
>
> A referência a um regime de acumulação fordista (*cf.* Capítulo 2) suscitou pesquisas de sociólogos, historiadores, economistas e especialistas da indústria automotiva. Esses trabalhos, feitos no âmbito da rede internacional do GERPISA (http://www.univ-evry.fr/PagesHtml/laboratoires/gerpisa/index.html), resultaram em uma construção teórica que dá conta tanto da evolução de um século desse setor quanto da constância diversificada da organização contemporânea das empresas.
>
> Longe de poder resolver o programa de maximização do lucro em tempo de contingências, as empresas se limitam a implementar uma *estratégia de lucro* baseada num pequeno número de alavancas de ação (busca de rendimentos de escala, diversificação, reatividade à conjuntura, qualidade e inovação).
>
> Essa estratégia de lucro deve ser compatível com o *regime de crescimento* e com o modo de distribuição da renda nacional, de modo que não se pode simplesmente transpor as estratégias de sucesso de um espaço econômico para outro.
>
> Uma segunda condição para a viabilidade de uma empresa é a existência de um *compromisso de governo* que possibilite tornar compatíveis as exigências potencialmente contraditórias entre política de produto, organização produtiva e tipo de relação salarial.
>
> Observa-se, portanto, a sucessão/coexistência de um pequeno número de configurações produtivas: tayloriana, wollardiana, fordiana, sloaniana, toyotiana e hondiana [Boyer e Freyssenet, 2000].

sua coerência e sua viabilidade ao longo do tempo? Essa é a questão maior da teoria da regulação, para a qual nunca esteve garantido o surgimento do equivalente daquilo que a teoria neoclássica chama de equilíbrio. Dois mecanismos principais contribuem para a viabilidade de um modo de regulação. Em primeiro lugar, podemos observar *ex post* a compatibilidade de comportamentos econômicos associados às diversas formas institucionais. Em seguida, quando surgem desequilíbrios e conflitos que não podem ser resolvidos na configuração presente, é necessária uma redefinição das regras do jogo que codificam as formas institucionais. A esfera política é diretamente mobilizada neste processo.

A partir da apresentação dos conceitos básicos surgem duas especificidades da teoria da regulação. Em função da diversidade e da complexidade das instituições capitalistas, nada garante que sua conjunção defina uma modalidade viável dos ajustes econômicos. É a razão pela qual a noção de *modo de regulação* (Capítulo 2) introduz simultaneamente a possibilidade de um regime econômico e também de suas *crises*, pois elas são multiformes (Capítulo 4). Fica assim escamoteada a coerção que postula a quase totalidade dos modelos neoclássicos, a saber: a existência de um equilíbrio estável, inclusive de longa duração.

Não seria possível conceber uma *economia pura*, isto é, desprovida de toda e qualquer instituição, de forma de direito e de ordem política. As instituições básicas de uma economia mercantil pressupõem atores e estratégias para além dos atores e estratégias meramente econômicos. Essas intervenções não têm *a priori* o objetivo primeiro de estabilizar a economia, no entanto, é da *interação entre esfera econômica e esfera jurídico-política* que resultam os modos de regulação. Trata-se de reencontrar a mensagem da economia política, acrescida dos ensinamentos tirados do estudo da história do capitalismo.

Relações Estado/economia

A ilusão de uma economia pura, isto é, totalmente independente do âmbito jurídico-político, deve, portanto, ser abandonada. De fato, nas teorias do equilíbrio geral, no melhor dos casos, o Estado pode se tornar a expressão das escolhas coletivas que visam a fazer prevalecer um ótimo de Pareto. Qualquer outra ação, por exemplo, uma intervenção nos preços, só pode trazer ineficiências.

A teoria da regulação dá uma importância determinante às relações *Estado/economia* (*cf.* Figura 3). A apresentação das formas institucionais mostra algumas dessas relações.

A escolha do regime monetário é política

Se a *moeda* institui a economia mercantil, ela não pode ser sua consequência, o que inverte a fábula neoclássica segundo a qual a subida dos custos de transação ligados à troca teria levado à intervenção dos próprios agentes da moeda. Na realidade, a história econômica mostra que são os comerciantes que inventam a moeda privada [Braudel, 1979], e são os príncipes e reis que procuram se arrogar do direito de aplicar à moeda o preço corrente em circulação no seu território [Le Rider, 2001]. Não devemos esquecer que muitas moedas começaram como títulos da dívida pública. Outro ensinamento da história: nenhum sistema bancário baseado na competição entre diversas moedas privadas sobreviveu muito tempo. A invenção dos bancos centrais vem reconhecer a necessidade de um ator que não seja movido pela lógica do lucro comercial e que tenha a função de velar pela viabilidade do sistema de pagamentos, permanentemente ameaçado por crises e colapsos. Até os bancos centrais contemporâneos, considerados independentes, continuam a ver seu estatuto determinado pelo poder político. Assim, a escolha de um *regime monetário* (e de câmbio em economia aberta) lança *necessariamente* mão da esfera política.

Não há concorrência sem intervenção pública

A *concorrência*, entregue aos comportamentos estratégicos das empresas, tende a resultar na concentração, na aliança, no acordo, no oligopólio, inclusive no monopólio, assim que se estabelecem custos fixos, rendimentos crescentes, efeitos de rede e de reputação. As vítimas desse processo são então os compradores/consumidores, o que não deixa de provocar suas reações por meio

Figura 3. **As interdependências entre Estado, ordem política e formas institucionais**

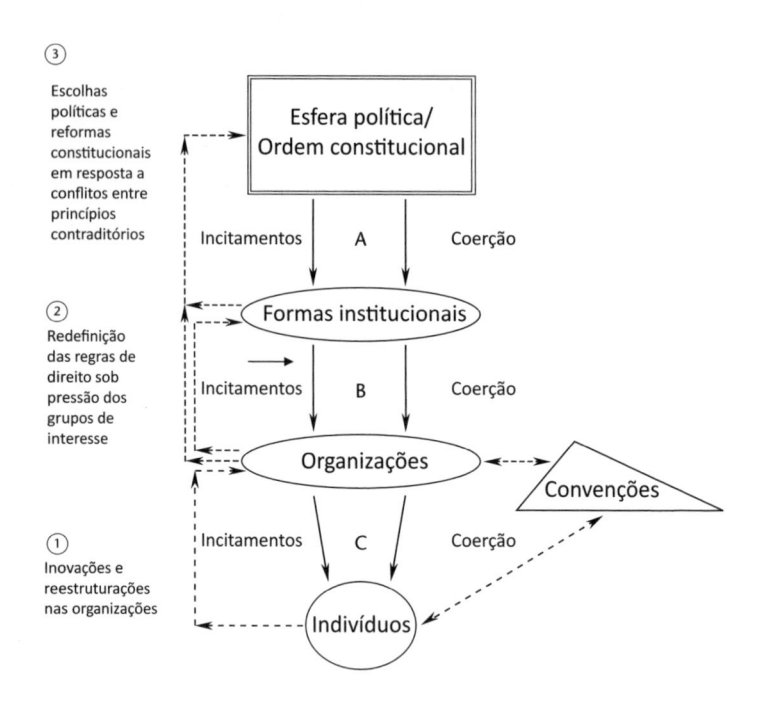

③ Escolhas políticas e reformas constitucionais em resposta a conflitos entre princípios contraditórios

② Redefinição das regras de direito sob pressão dos grupos de interesse

① Inovações e reestruturações nas organizações

- Esfera política / Ordem constitucional
- Incitamentos — A — Coerção
- Formas institucionais
- Incitamentos — B — Coerção
- Organizações
- Convenções
- Incitamentos — C — Coerção
- Indivíduos

Da ordem constitucional à esfera econômica: hierarquia clara

A ⟶ B ⟶ C

Da esfera econômica à esfera política: desequilíbrios e conflitos exigem uma redefinição das regras do jogo

1 ⇢ 2 ⇢ 3

Grau de persistência: Ordem constitucional > Formas institucionais > Organizações > Comportamentos individuais de processos político e legislativo. Em sua quase totalidade, as economias desenvolvidas foram levadas a instituir autoridades encarregadas por zelar pelas regras da concorrência. A tal ponto que se pode ler a história da concentração do capital e da organização das empresas como a consequência das estratégias das grandes empresas com vistas a se adaptar às regras e barreiras impostas pela legislação à sua conquista de poder excessivo sobre o mercado [Fligstein, 1990]. Portanto a *forma de concorrência* opera uma mediação entre as esferas privada e pública.

Relação salarial e cidadania

Sobre a *relação salarial*, a intervenção do Estado é, *a priori* e do ponto de vista estritamente lógico, menos necessária. De qualquer forma, ainda que em graus diferentes, a maioria dos Estados intervém no direito do trabalho, com o risco de assimilá-lo ao direito comercial (tendência em andamento nos EUA) [Buechtemann, 1993] ou, no outro extremo, de fazer do direito coletivo dos assalariados um dos fundamentos de uma economia social de mercado (caso da Alemanha) [Labrousse e Weisz, 2001]. Quanto à experiência histórica francesa, ela mostra que uma intervenção estatal forte foi necessária no início do século XIX para liberar as forças de concorrência do trabalho [Boyer, 1978]. Foi o caso também de países em desenvolvimento nos quais governos autoritários efetuaram reformas radicais do direito do trabalho (Chile, Argentina, Brasil) [Ominami, 1986; Neffa e Boyer, 2004]. A intervenção direta ou indireta do Estado é mais evidente ainda quando referente à cobertura social: as lutas dos assalariados pelo reconhecimento dos acidentes de trabalho, dos direitos à aposentadoria e à saúde resultaram em casos de avanço em matéria de direitos sociais — avanços que dizem respeito tanto à natureza da cidadania quanto ao modo de regulação. Ou o Estado intervém diretamente no financiamento da cobertura social de tipo beveridgiano, ou harmoniza a negociação entre patronato e sindicatos, como é o caso no sistema bismarckiano. Portanto, de uma forma ou de outra, a relação salarial recorre à esfera política.

O Estado sujeito a lógicas contraditórias

Para a teoria da regulação, a ação do Estado está longe de ser monolítica, já que nas suas diversas ramificações podem se manifestar contradições e tensões entre princípios alternativos. O direito comercial deverá ser preponderante sobre o direito do trabalho? Como arbitrar entre financiamento da cobertura social pelo sistema fiscal e financiamento por meio dos assalariados e empresários? A igualdade jurídico-política é compatível com um princípio de democracia industrial na empresa? São muitas as questões às quais o poder político fornece respostas diferentes de acordo com o contexto e as forças presentes. Essa forte interdependência entre as formas institucionais e o papel do Estado não é senão a expressão da imbricação das esferas política e econômica.

Estado-nação inserido na economia internacional

Essa concepção só é válida para espaço territorial definido por uma soberania estatal. Em contraste com as teorias da economia pura, a teoria da regulação é incitada a tomar o Estado-nação como ponto de partida da análise. Na realidade, regime monetário, relação social e, em menor grau, forma da concorrência continuam a ser fortemente determinados no âmbito do espaço nacional, mesmo no período de uma interdependência crescente entre os Estados-nações. Mas isso não significa que os Estados-nações sejam totalmente soberanos nem, pelo contrário, que sejam desprovidos de todo poder sobre as forças propagadas pelo regime internacional.

TABELA 1. INSTITUIÇÕES OCULTAS DE UMA ECONOMIA CAPITALISTA: DA *TEORIA DO EQUILÍBRIO GERAL* (TEG) À *TEORIA DA REGULAÇÃO*

Hipóteses da TEG	Coerência e pertinência dessas hipóteses	Papel das formas institucionais
1. A moeda é apenas um numerário	A moeda é também um meio de troca e de reserva de valor	Necessidade de regras para criação e destruição da moeda
Um secretário de mercado centraliza *todas* as transações	Não é uma economia de mercado: na realidade, um planejamento de tipo *Gosplan*	Um *regime monetário* e de crédito define as entidades mercantis, possibilitando a descentralização das trocas
2. Todos os agentes consideram os *preços como dados*	Geralmente os agentes têm um comportamento *estratégico*	Variedade das *formas de concorrência* que difere da concorrência perfeita
3. Os *serviços do trabalho* são comercializados num mercado semelhante aos mercados dos outros produtos	O duplo componente do trabalho: transação mercantil e, em seguida, relação de *subordinação*	O contrato de trabalho é inserido numa rede de instituições que define a *relação salarial*
4. Ausência do Estado	Uma autoridade exterior ao mercado é necessária para administrar a moeda, a concorrência e os bens públicos	Configuração das *relações Estado/economia*
5. Ausência do Estado-nação	Todo Estado é soberano apenas num território delimitado	Modalidades de *inserção no regime internacional*

Há, portanto, uma quinta e derradeira forma institucional: as modalidades de *inserção do Estado-nação na economia internacional*. Efetivamente, para a teoria neoclássica do comércio internacional, a única escolha aberta diz respeito às tarifas alfandegárias, que tantas distorções introduzem em comparação com o sistema de livre-comércio. Portanto, do ponto de vista econômico, o Estado não deveria intervir, deixando funcionar os mecanismos de formação dos preços em escala internacional. Para a teoria da regulação, o Estado-nação pode fiscalizar os diversos componentes das tarifas alfandegárias, definir as modalidades de captação de investimentos diretos, estabelecer regras em matéria de investimentos de carteira ou ainda fiscalizar a imigração. Novamente, apresentam-se muitas instituições com vistas a gerenciar as relações com o resto do mundo [Mistral, 1986]. Essas instituições são transformadas e redefinidas, mas não são arruinadas pelo processo contemporâneo de internacionalização [Boyer, 2000a].

Conclusão: As cinco formas institucionais

Assim, a economia capitalista da teoria da regulação distingue-se da idealização que dela faz a teoria neoclássica. Isso não significa, entretanto, que as formas institucionais correspondam à intuição que cada um pode ter do mundo econômico no qual opera cotidianamente. São abstrações que se inscrevem em uma abordagem teórica inspirada pelos fundadores da economia clássica. Além disso, elas atendem às objeções dirigidas ao irrealismo das hipóteses da TEG (*cf.* Tabela 1), deixando à análise institucional, estatística e histórica a tarefa de fornecer a caracterização exata das formas institucionais, isto é, da viabilidade de um modo de regulação.

2

DAS LEIS DE FERRO DO CAPITALISMO À VARIEDADE DOS MODOS DE REGULAÇÃO

Um dos trabalhos fundamentais da teoria da regulação [Aglietta, 1976] partia de uma avaliação muito crítica da teoria neoclássica da época, que parecia incapaz de analisar tanto a conjuntura norte-americana quanto as transformações ocorridas no capitalismo norte-americano desde a guerra da Secessão. Mas criticava também a teoria marxista do período em sua variante capitalista monopolista de Estado (CME): descrição inadaptada de uma economia de grandes empresas-conglomerados, de convenções coletivas e de políticas monetaristas keynesianas; a incapacidade de pensar a mudança, enquanto o próprio capitalismo se caracteriza pelas inovações e transformações estruturais. O esforço teórico visava a atualizar as leis de transformação endógena do capitalismo. Tal era o sentido dado ao termo regulação (*cf.* cronologia no final deste livro, pág. 145-148).

Releitura crítica da ortodoxia marxista

A contribuição teórica que Marx propõe em *O Capital* é tratar o capitalismo como modo de produção e atualizar seus fundamentos e sua dinâmica de longo prazo. Os sucessores de Marx buscaram adequar a teoria aos dias de hoje em função de um duplo imperativo: em primeiro lugar, levar em conta as mudanças ocorridas ao longo do século XX; em seguida, e sobretudo, forjar instrumentos para a luta política. Com isso, as análises do capitalismo evoluíram muito, porém, à luz da história econômica do século XX, elas mostraram suas limitações e seu caráter equivocado. Aliás, os instrumentos de análises do capitalismo evoluíram muito, e alguns permitem superar algumas dificuldades encontradas por Marx.

Especificar a forma das relações sociais

Bastante impressionado pelo tamanho das transformações ligadas ao aumento da industrialização e adepto da história de períodos longos, Marx propôs uma caracterização do modo de produção que surgia com referência àqueles que o tinham precedido (modo de produção asiático, feudalismo, etc.). Marcado também pela filosofia alemã, o autor de *O Capital* construiu um sistema conceitual ambicioso que deriva do esforço de abstração com relação à "economia vulgar", para retomar sua própria expressão.

Comparado com outros modos de produção, o capitalismo distingue-se por duas características. Em primeiro lugar, a preponderância de uma relação mercantil — capaz de fixar um preço até para agentes não mercantis — opõe-se aos outros modos de distribuição das riquezas. Em seguida, e principalmente, as relações sociais de produção caracterizam-se pelo conflito entre capital e trabalho: os proletários, que não têm acesso ao capital, são obrigados a vender sua força de trabalho para um "homem com dinheiro", o capitalista. Sob a aparência de uma relação de troca (trabalho por salário), manifesta-se a exploração do trabalho pelo capital, posto que o valor criado pelos assalariados é superior ao valor da reprodução de sua força de trabalho (*cf.* Figura 4, pág. 59).

Marx podia pensar que essa caracterização bastava em sua forma mais geral para construir uma teoria do capitalismo e de suas tendências de longo prazo. Não conseguiu antecipar que as lutas de classe, às quais inclusive ele muito se dedicou, principalmente em seus escritos políticos, não resultariam necessariamente no esgotamento desse modo de produção e em sua substituição por outro, de início socialista, em seguida comunista. Ocorre que a história de muitos países dominados pelo capitalismo mostrou uma relativa variedade das relações sociais de produção bem como da organização das relações comerciais.

Mudança nas próprias relações sociais

Se, em uma perspectiva de longa duração, portanto plurissecular, diversos modos de produção se sucedem e fundamentam em relações sociais diferentes, não se pode excluir que essas relações possam evoluir *no âmago de um mesmo modo de produção*. Por exemplo, os trabalhadores podem lutar para limitar as reduções de salário durante crises industriais, depois reivindicar e conseguir uma indexação de seu salário nominal sobre os preços, ou enfim obter um princípio de participação nos ganhos de produtividade, aos quais eles próprios contribuíram [Boyer, 1978]. No sistema conceitual de Marx, isso quer dizer que o valor da força de trabalho não é mais determinado por necessidades sociais invariantes ou, pelo menos, fixado pelos imperativos da reprodução do assalariado. O resultado dos conflitos capital/trabalho influi na forma da relação de exploração.

Da mesma forma, o regime monetário está longe de ser invariante quando se passa, por exemplo, de sistemas governados por um padrão-ouro para uma economia de crédito no contexto de uma moeda com taxas administradas. As mudanças nas relações Estado/economia são também importantes. As transformações econômicas e mais ainda as lutas políticas fazem com que se passe de um Estado focado nas funções privilegiadas tradicionais (direito, justiça, defesa, diplomacia) para um Estado engajado na maioria das formas institucionais, a saber: concorrência, relação salarial e regime monetário [Delorme e André, 1983].

O objetivo da teoria da regulação é precisamente detectar a extensão das mudanças na forma exata das relações sociais que ocorreram em escala secular, tanto nos EUA [Aglietta, 1976] quanto na França [CEPREMAP-CORDÈS, 1978].

Não há dinâmica excepcional do modo de produção capitalista

Outra diferença com relação à tradição marxista está ligada às dúvidas que a teoria mantém quanto à existência de leis gerais que decorram unicamente da dependência de uma economia ao modo de produção capitalista. Para Marx, tratava-se da queda tendencial da margem de lucro. Seus sucessores invocaram o aumento do capital financeiro [Hilferding, 1970], a expansão do imperialismo [Luxembourg, 1967] e depois o surgimento de um capitalismo monopolista [Baran e Sweezy, 1970], sem esquecer, perante o aumento das intervenções do Estado na economia, a teoria do capitalismo monopolista de Estado. Para a maioria desses autores, tais características representavam as inúmeras estratégias para opor-se à lei da queda tendencial da margem de lucro. Segundo outra interpretação, tratava-se na verdade de estágios na marcha em direção a um regime econômico no qual a atividade seria coletivizada.

O objetivo da teoria da regulação é caracterizar com precisão, graças às estatísticas extraídas das contabilidades nacionais, os parâmetros dos diferentes regimes de acumulação observados no tempo e no espaço. Assim, a noção de regime de acumulação substitui a noção de esquema de reprodução (*cf.* Figura 4).

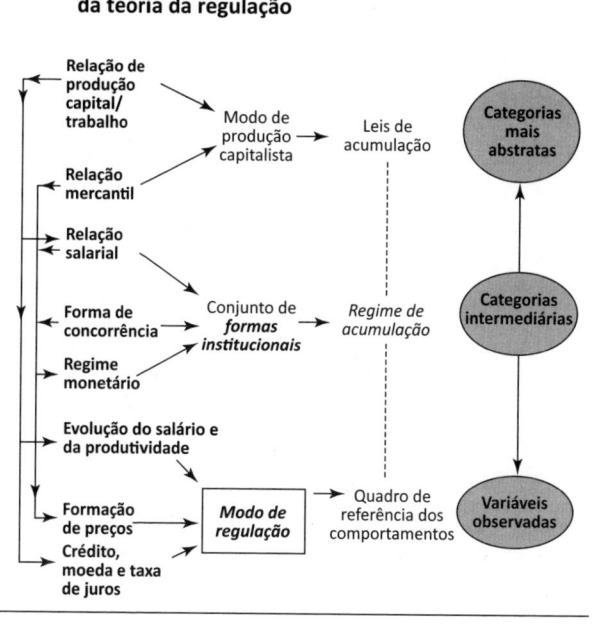

Figura 4. **Das categorias da teoria marxista às categorias da teoria da regulação**

[Diagrama: Relação de produção capital/trabalho, Relação mercantil → Modo de produção capitalista → Leis de acumulação → **Categorias mais abstratas**

Relação salarial, Forma de concorrência, Regime monetário → Conjunto de *formas institucionais* → Regime de acumulação → **Categorias intermediárias**

Evolução do salário e da produtividade, Formação de preços, Crédito, moeda e taxa de juros → Modo de regulação → Quadro de referência dos comportamentos → **Variáveis observadas**]

Estado, o vetor dos compromissos institucionalizados e não somente agente do capital

Os teóricos marxistas tentaram deduzir a forma do Estado da natureza do capital, o que se chamou de teoria da derivação [Mathias e Salama, 1983]. Essa visão acarretou como consequências, em primeiro lugar, a dependência da esfera política da esfera econômica, em seguida, que se postulasse um funcionalismo do Estado na dinâmica do capital. A tal ponto que, na teoria do capitalismo monopolista de Estado, bastaria mudar o último para cair num sistema de fato já coletivo. Entretanto, tanto a história da construção dos Estados quanto os avanços das ciências sociais desmentem essa dupla hipótese.

A construção da soberania sobre um espaço muitas vezes conquistado pela guerra encontra-se na origem do Estado.

O soberano taxa sobre a economia os impostos necessários, sem, contudo, ficar evidente que favoreça dessa forma a ascensão da burguesia comercial, depois industrial. Os déficits recorrentes das finanças públicas exigem que se recorram aos grandes financistas, à perda do valor da moeda legal, etc. Tudo isso são obstáculos ao surgimento de um capitalismo em boa e devida forma.

Já os trabalhos pluridisciplinares mostram, na realidade, a necessidade de uma distinção entre as esferas econômica e política. No nível mais abstrato, a primeira, sob o estímulo do capitalismo, tende à acumulação da riqueza, a segunda concentra-se na acumulação de poder [Théret, 1992]. Na prática, no entanto, o Estado tem a incumbência de taxar os recursos sobre a economia e, *a contrario*, pode mais ou menos favorecer o surgimento e a implementação das instituições necessárias à acumulação. Nesse sentido, é apenas *ex post* que se pode constatar se é possível desatrelar uma modalidade viável de interação entre os níveis político e econômico. São os regimes físico-fiscais que descrevem como a atividade econômica retroage sobre o volume das taxações obrigatórias e, reciprocamente, como a legislação e o sistema fiscal canalizam a acumulação.

A razão dessa não automaticidade da viabilidade desses regimes é simples: a maior parte, se não a totalidade, das despesas públicas e dos sistemas fiscais resulta de uma série de *compromissos institucionalizados* [Delorme e André, 1983], *a priori* independentes uns dos outros e que não visam de nenhuma forma a estabilizar a acumulação. Muitas vezes, é um resultado não intencional apenas observado *ex post*. Para dar um único exemplo, a conquista dos direitos sociais estendidos aos trabalhadores foi considerada, pelos empresários em particular, como passível de conduzir à impossibilidade de acumulação, em razão da queda das taxas de lucro consecutiva a essas conquistas. Entretanto, o crescimento excepcional pós-Segunda Guerra Mundial, em especial na Europa, vai mostrar que a mudança da relação salarial é de fato um vetor do regime de acumulação sem precedentes e totalmente viável, pelo menos por um tempo (*cf.* Capítulo 3).

As crises se sucedem, mas não se parecem

Contrariamente à imagem implícita que o termo "regulação" veicula, essa problemática trata tanto dos regimes de acumulação supostamente estabilizados quanto de sua crise. Porém, ainda sobre esse ponto, a teoria da regulação diferencia-se das concepções marxistas ou mesmo clássicas [Duménil e Lévy, 2002]. Para Marx, o perfil da acumulação é, por natureza, cíclico, o que faz com que se sucedam fases de crescimento e, em seguida, fases de ajustes através de crises industriais ou financeiras. Mas existe para ele outro tipo de crise: a que corresponde ao colapso do modo de produção capitalista sob o impacto de suas contradições (aumento da concentração, queda das taxas de lucro, etc.). Seus sucessores preconizaram duas outras concepções.

Para alguns historiadores e economistas, ondas longas, com duração de aproximadamente meio século, teriam se sucedido desde o surgimento do capitalismo comercial. A uma primeira fase de dinamismo da acumulação e de relativa prosperidade, se seguiriam uma transposição duradoura e o advento de uma fase descendente de depressão, eventualmente de deflação [Kondratieff, 1992]. Essa problemática possibilitou diagnosticar e analisar a reviravolta dos anos 1970 [Mandel, 1978; Wallerstein, 1999].

Outros economistas, em especial os radicais norte-americanos, foram surpreendidos pela crise de 1929, que por pouco não marcou o colapso da economia dos EUA. Entretanto o paradoxo é que a taxa de lucro, no período que precede a crise, tinha atingido níveis para os quais começavam a aparecer problemas de mercado nessa economia especialmente rentável. Esse desequilíbrio novo no regime de acumulação desencadeou

QUADRO 6. AS CINCO FORMAS INSTITUCIONAIS: DEFINIÇÕES

Forma institucional (ou estrutural): Toda codificação de uma ou várias relações sociais fundamentais. Há cinco formas institucionais que podem ser distinguidas.

• **Forma e regime monetários:** Forma monetária é a modalidade de que se mune, num país e numa época determinados, a relação social fundamental que institui os sujeitos mercantis. A moeda não é uma mercadoria, mas um meio de relação dos centros de acumulação, dos assalariados e de outros agentes mercantis. Por *regime monetário*, designa-se a configuração correspondente que permite ajustar os déficits e excedentes.

• **Forma da relação salarial:** Configuração da relação capital/trabalho, composta de relações entre a organização do trabalho, o modo de vida e as modalidades de reprodução dos assalariados. Em termos analíticos, há cinco componentes para caracterizar as configurações históricas da relação capital/trabalho: o tipo dos meios de produção; a forma da divisão social e técnica do trabalho; a modalidade de mobilização e de ligação do assalariado à empresa; as determinantes da renda salarial, direta ou indireta; e, por fim, o modo de vida assalariado, mais ou menos associado à aquisição de bens e produtos ou ao uso de serviços coletivos fora do mercado.

• **Forma da concorrência:** Forma da concorrência indica como se organizam as relações entre um conjunto de centros de acumulação fracionados cujas decisões são *a priori* independentes umas das outras. Vários casos polares podem ser observados: mecanismos de concorrência, desde que é a confrontação *ex post* no mercado que define a validação ou não dos trabalhos privados; ou monopolismo, se prevalecerem certas regras de socialização *ex ante* da produção por meio da procura social de um valor e de uma composição sensivelmente equivalentes.

• **Forma de adesão ao regime internacional:** Conjunção das regras que organizam as relações entre o Estado-nação e o resto do mundo, tanto em matéria de trocas de mercadorias quanto de localização das produções, via investimento direto ou financiamento dos fluxos e saldos externos, ou ainda em matéria de migração.

• **Formas do Estado:** Conjunto de compromissos institucionalizados que, uma vez assumidos, criam regras e regularidades na evolução das despesas e receitas públicas.

uma interpretação original do papel da gestão da procura no capitalismo monopolista [Baran e Sweezy, 1970]. De maneira mais geral, os historiadores econômicos, especialistas em crises, têm a tendência de tomar a crise norte-americana de 1929-1932 como o padrão das crises do capitalismo no século XX.

A teoria da regulação tira todas as consequências da falta de um regime de acumulação canônico. Para cada regime de acumulação, há uma forma de crise, hipótese que permite reconciliar a crise de 1929 com os precedentes episódios do século XIX. Inclusive, o método de análise é mais próximo do método elaborado pela Escola dos Anais a respeito das economias pré-capitalistas: esses trabalhos ensinam, de fato, que "cada sociedade tem a crise de sua estrutura" [Labrousse, 1976]. Essa concepção já tinha sido usada para apreender a mudança na forma das crises ao longo do século XIX [Bouvier, 1989]. As pesquisas da teoria da regulação ampliam essas conquistas para o século XX. Cada economia apresenta as crises que correspondem ao seu regime de acumulação e/ou ao seu modo de regulação.

Elaborar conceitos intermediários: as formas institucionais

Essa revisão crítica das teorias marxistas do capitalismo resulta em suma em uma caracterização das formas institucionais (Quadro 6). No fim, a lista é a mesma resultante da atualização das análises sobre as instituições ocultas da economia de mercado, tal como preconiza a teoria neoclássica (cf. Capítulo 1, Quadro 1). Essas duas abordagens são ao fim e a cabo complementares já que ambas correspondem a níveis de abstração diferentes: a crítica interna das teorias do equilíbrio geral mostra as instituições necessárias *do ponto de vista estritamente lógico*. A análise opera no espaço da teoria, no mais abstrato dos níveis.

A reavaliação da abordagem marxista permite especificar as características das relações sociais fundamentais, tais como vigoram em uma sociedade e época dadas, como resultado de um *processo histórico*. Se a primeira abordagem é funcionalista, a segunda é histórica e deixa em aberto a questão da viabilidade de uma série de compromissos institucionalizados, forjados na história e que desaguam nas cinco formas institucionais. De fato, as lutas sociais, os conflitos políticos e as grandes crises econômicas e financeiras resultam quase sempre em novos compromissos institucionalizados que não mais dizem respeito apenas às relações Estado/economia, mas também à relação salarial e às formas de concorrência. Portanto é exagero considerar que a teoria da regulação seja funcionalista [Jessop, 1997]. A questão da viabilidade do regime econômico associado a uma arquitetura institucional fica *a priori* aberta: somente a observação *ex post* de tal viabilidade dará a ilusão de funcionalismo. Essa ilusão é retrospectiva e diz respeito principalmente ao teórico, pois, quanto aos atores econômicos, eles são muitas vezes surpreendidos pelo resultado de mudanças institucionais.

Assim, a teoria da regulação desenvolve *conceitos intermediários* entre uma teoria válida em qualquer tempo e qualquer lugar e uma simples observação dos dados macroeconômicos. Ela é voluntariamente *subdeterminada*: cabe à análise empírica especificar a natureza das formas institucionais para uma economia e um período determinados (*cf.* Figura 5).

Justamente, essa indeterminação teórica torna possível a apresentação do conceito central: o modo de regulação. Com a ajuda de três propostas, pode-se resumir o essencial dos problemas desse conceito.

Regulação a priori *problemática*

Os compromissos institucionalizados fundamentam as formas institucionais. Entretanto, geralmente, são independentes uns dos outros, ainda que isso se deva à especialização das diferentes esferas da atividade econômica. Por exemplo, o banco central recebe do governo as características do regime monetário, as relações profissionais forjam a relação salarial, e a regulamentação e a estratégia das empresas condicionam a forma de concorrência. Nenhum planejador ou "engenheiro de sistema" tem a função de velar *ex ante* pela compatibilidade dessas diversas formas institucionais. Na realidade, cada ator econômico define sua estratégia em função da coerção e dos incitamentos inerentes ao quadro institucional no qual opera, levando sempre em consideração o sistema de preços. Numa economia monetária, isto é, descentralizada, nada garante que a conjunção desses comportamentos individuais determine uma configuração viável no plano macroeconômico.

Mais fundamentalmente, para a teoria da regulação, é a incoerência *a priori* que deveria ser a regra; a regularidade e a evolução ordenada, a exceção. Encontra-se a origem do uso desse termo nas ciências físicas e biológicas [Canguilhem, 1974]: como entidades *a priori* independentes (por extensão, formas institucionais) podem originar uma evolução de conjunto compatível com sua coexistência e persistência, em suma, formar um sistema (no caso, econômico)? Se a resposta for positiva, convém chamar de *modo de regulação* o conjunto dos mecanismos econômicos envolvidos. Introduzem-se, dessa forma, duas das características fundamentais de um modo de regulação:

• Deve tornar possível reproduzir de período em período a configuração institucional em vigor sem alteração importante.
• Não deve pressupor a internalização pelos atores econômicos das regras de conjunto que governam o sistema inteiro.

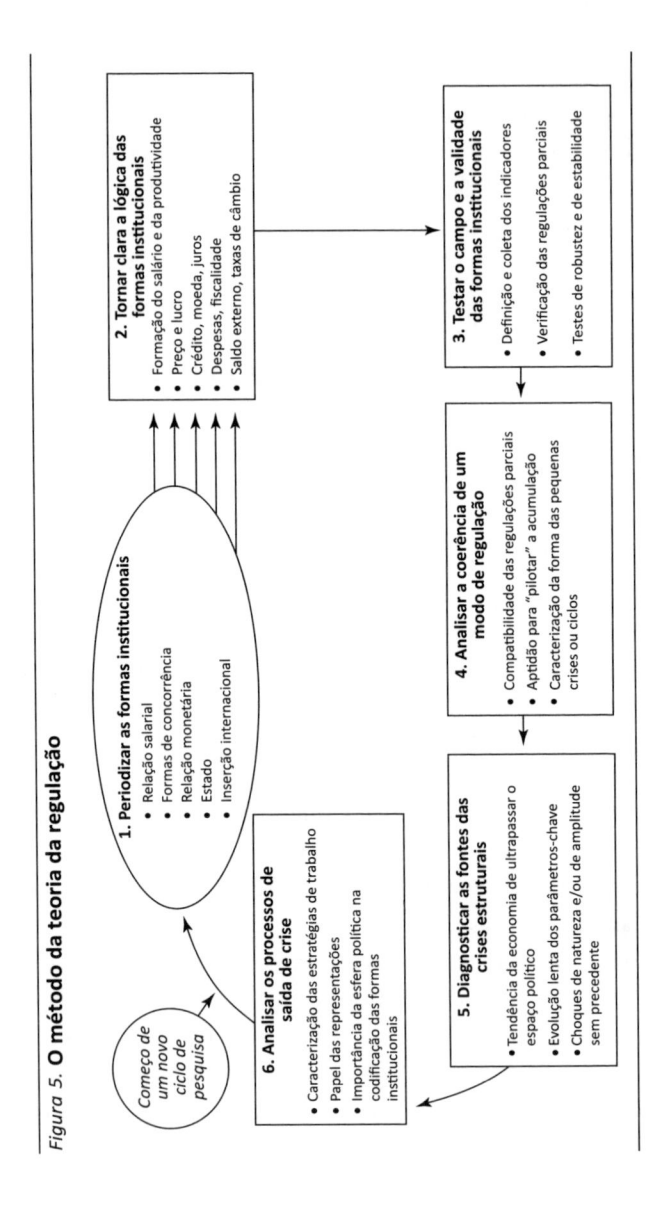

Figura 5. **O método da teoria da regulação**

Começo de um novo ciclo de pesquisa

1. Periodizar as formas institucionais
- Relação salarial
- Formas de concorrência
- Relação monetária
- Estado
- Inserção internacional

2. Tornar clara a lógica das formas institucionais
- Formação do salário e da produtividade
- Preço e lucro
- Crédito, moeda, juros
- Despesas, fiscalidade
- Saldo externo, taxas de câmbio

3. Testar o campo e a validade das formas institucionais
- Definição e coleta dos indicadores
- Verificação das regulações parciais
- Testes de robustez e de estabilidade

4. Analisar a coerência de um modo de regulação
- Compatibilidade das regulações parciais
- Aptidão para "pilotar" a acumulação
- Caracterização da forma das pequenas crises ou ciclos

5. Diagnosticar as fontes das crises estruturais
- Tendência da economia de ultrapassar o espaço político
- Evolução lenta dos parâmetros-chave
- Choques de natureza e/ou de amplitude sem precedente

6. Analisar os processos de saída de crise
- Caracterização das estratégias de trabalho
- Papel das representações
- Importância da esfera política na codificação das formas institucionais

Nesse aspecto, a teoria da regulação opõe-se à corrente das previsões racionais que, em macroeconomia, pressupõe que os agentes econômicos conheçam os mecanismos que regem suas interações tão bem quanto o teórico [Lucas, 1984]. O papel das formas institucionais é, portanto, resumir os conhecimentos necessários à ação dos indivíduos e, assim, simplificar o conteúdo informacional e cognitivo mobilizado. Os agentes atuam, portanto, com um conhecimento parcial e uma *racionalidade institucionalmente situada*.

Essa concepção está relacionada com a racionalidade limitada [Simon, 1983], mas o componente institucional leva a melhor sobre os aspectos propriamente cognitivos ligados à dificuldade de uma ação racional diante da incerteza. Assim, as formas institucionais condensam e focam uma informação julgada pertinente e, assim, reduzem a incerteza intrínseca que resulta da combinação de um conjunto de comportamentos estratégicos [Aoki, 2006]. A questão da existência de um equilíbrio, entendido como conjunto de comportamentos mutuamente compatíveis, deve ser examinada caso a caso. Essa noção de equilíbrio não tem nada a ver com a noção de equilíbrio walrasiano, já que nenhum agente pode ser maximalista por coerção, diante de um sistema de preços conhecido por todos.

Como acabam surgindo os modos de regulação?

Diferentes processos e mecanismos foram evidenciados pelos diversos estudos históricos e pelas formalizações inspiradas pela teoria da regulação.

Bricolagem e acaso? — O *achado* e *a pesquisa por erro e acerto* foram chamados em auxílio para expor o modo de regulação associado ao fordismo após a Segunda Guerra Mundial [Lipietz, 1979]. A introdução dos métodos científicos de trabalho, o taylorismo e a cadeia de montagem fornecem, a partir dos anos 1920, ganhos de produtividade sem precedentes. Porém, a despeito da queda do preço relativo dos bens correspondentes, a demanda revela-se insuficiente para se aproximar desse aumento de produção. Do ponto de vista estritamente lógico, é bastante fácil para o observador externo considerar que o consumo de massa é a contrapartida necessária da produção de massa. No entanto, não é o que acontece se os agentes econômicos forem deixados à própria iniciativa. Uma forma ou outra de intervenção coletiva é necessária [Boyer e Orléan, 1991]. É precisamente o que acontece após a Segunda Guerra Mundial: as convenções coletivas que codificam e difundem a progressão do salário real *pro rata* de produtividade acabam garantindo *ex post* o estabelecimento de um novo modo de regulação. A coerência do sistema não era alcançada *ex ante*.

Seleção pela eficiência: dúvidas — As formas institucionais *não são selecionadas* em função de sua *eficiência econômica*. Na realidade, há uma espécie de dependência com relação ao caminho: existem custos ligados à construção institucional que são irrecuperáveis. Além disso, como algumas tecnologias de rede [Arthur, 1994], as formas institucionais podem revelar rendimentos crescentes, de sorte que formas superiores, mas emergentes, encontram-se em desvantagem com relação às formas institucionais bem estabelecidas. Por fim, é preciso lembrar, nenhum engenheiro de sistema tem o papel de sincronizar a evolução das formas institucionais. Nem mesmo o Estado, cuja diversidade de objetivos e intervenções já foi mostrada. Trata-se de uma ruptura com a maioria das concepções neoclássicas que consideram que agentes racionais sempre terão o interesse de negociar uma reforma institucional que poderia ser eficaz no sentido de Pareto, com risco de que os eventuais perdedores sejam indenizados pelos ganhadores. Com frequência, tais mecanismos de transferência não existem, de maneira que os potenciais perdedores se oporão à reforma.

Processo evolucionista — Um terceiro mecanismo lança mão da *coavaliação* das formas institucionais entre si e em função da mudança técnica. Em cada período, podem-se confrontar ou podem coexistir diversas estratégias de recomposição das formas institucionais, mas é a partir de sua adequação mútua que vai resultar a arquitetura que, por sua vez, levará ao modo de regulação, que, de resto, só será interpretado como tal tarde demais. Esse mecanismo, como o anterior, não tem relação direta com a eficiência. Tal característica tem impactos importantes sobre a persistente *diversidade* dos modos de regulação.

Hipótese de complementaridade — O surgimento de um modo de regulação viável pode também estar relacionado com a existência de *complementaridades* entre duas ou mais formas institucionais. Por exemplo, num regime de padrão-ouro, todo desvio dos preços internacionais deve acarretar um reajuste dos custos de produção, muitas vezes por meio da flexibilidade dos salários, para baixo ou para cima. Observa-se, portanto, a complementaridade entre um regime monetário e uma relação salarial que torna possível os ajustes. As próprias políticas ditas keynesianas revelam-se complementares com o fato de que, nas economias do século XX, o salário nominal tornou-se rígido.

Hierarquia das formas institucionais — O modo de regulação pode também resultar do papel determinante de uma forma institucional em relação às outras. De fato, a história mostra a existência de uma *hierarquia* entre as formas institucionais, uma assimetria correspondente que decorre quase sempre de compromissos políticos particulares. Pode-se detectar tal configuração a partir da observação que de uma mudança estrutural na forma institucional dominante tem o efeito de preparar uma evolução em meio a uma ou mais formas institucionais. Se, por exemplo, o regime monetário e a política do banco central keynesianos tornarem-se monetaristas, taxas de juro em média mais elevadas pesarão no resultado das empresas, o que tem impacto sobre o emprego e os salários; se a política se prolongar por um período um tanto longo, é a própria relação salarial que será abalada [Boyer, 1986b]. Nesse caso, é a oscilação da hierarquia que explica os processos emergenciais e/ou de transformação de um modo de regulação.

Eis os mecanismos capazes de explicar a viabilidade de um modo de regulação. Mas isso explica também sua *variabilidade no tempo e no espaço*.

Modos de regulação comparados em escala secular

O estudo do capitalismo na França em período longo (do século XVIII à última década do século XX) mostrou uma sequência de pelo menos quatro períodos. Com relação à evolução do salário nominal e real, as consequências da mudança da relação salarial em mais de três séculos são claras.

Regulação à maneira antiga: até o final do século XVIII

Prevalece na maioria das economias do Antigo Regime, em que o capitalismo mercantil desenvolve-se a partir de estruturas essencialmente rurais. A dinâmica econômica é impulsionada pelos riscos agrícolas. Diante de colheitas ruins, o preço dos produtos que entravam no custo de vida explodia, fazendo com que a crise agrícola chegasse ao setor industrial, o que, por sua vez, ocasionava uma baixa do salário nominal em decorrência da retração da procura que vinha do setor rural e agrícola. A partir daí, o salário real desmorona e, como as condições de vida tornam-se precárias, a taxa de mortalidade aumenta, o que nos faz lembrar de uma das hipóteses do modelo malthusiano.

Trata-se também de um exemplo de regulação estagflacionista, que voltaremos a reencontrar apenas dois séculos mais tarde com o modo de regulação administrada. Nesse sentido, a teoria da regulação associa-se às análises da Escola dos Anais.

Regulação da concorrência típica do século XIX

Esse segundo modo de regulação envolve outros encadeamentos conjunturais. A partir de meados do século XIX, a indústria manufatureira torna-se o centro de impulsão da economia, cujo ritmo é marcado por fases de prosperidade e fases de refreamento. O grau de concentração do capital é baixo, de sorte que os preços são competitivos. Por outro motivo, os próprios assalariados estão também sujeitos às flutuações da acumulação, sem nenhum poder de influência sobre o salário nominal. Em consequência, salário nominal, preços industriais e conjuntura industrial variam conjuntamente. Essa configuração equivale, para a teoria da regulação, ao que o equilíbrio walrasiano é para a teoria neoclássica. Entretanto há uma diferença: com o impacto da acumulação, o sistema econômico nunca fica em repouso (equilíbrio neoclássico), mas faz com que se alternem fases de superacumulação e de subacumulação. Esse tipo de regulação é implícito à maioria das teorias econômicas. Mas não ficou inalterado, tendo se transformado progressivamente.

O período longo da mudança: o entre-guerras

A concentração do capital manifesta-se periodicamente, em particular durante as crises. Paralelamente, o aumento do assalariado industrial permite sua organização coletiva (sindicatos, associações, sociedades mútuas), e eclodem lutas que visam a limitar o trabalho noturno de mulheres e crianças, a fazer com que se reconheçam os acidentes de trabalho ou a impedir as reduções de salário nos períodos de conjunturas ruins. Esse movimento inicia-se no último terço do século XIX e assume toda sua importância após a Primeira Guerra Mundial. Esse período é marcado pelo advento da moeda de crédito, potencialmente dissociada de toda convertibilidade, e de uma inflação permanente, contrastando com as oscilações do nível geral dos preços características da regulação da concorrência, ligada ao padrão-ouro.

Os elementos coletivos da relação salarial fazem sua aparição — na França, por exemplo, passa a ser reconhecido o direito à aposentadoria — da mesma forma que a cumulatividade da inflação convoca os assalariados a reivindicar uma indexação do salário nominal a partir do índice de preços ao consumidor. As formas institucionais são assim significativamente alteradas com relação ao século XIX. No entanto a regulação salarial continua sendo determinada pela mesma forma concorrencial, o que evidencia um dos resultados centrais da teoria da regulação.

Contrários às teorias neoinstitucionalistas que preconizam uma correlação perfeita e instantânea entre surgimento de instituições e modificação dos comportamentos, os estudos históricos de período longo mostram que aproximadamente um quarto de século separa o surgimento de instituições inovadoras radicais e o estabelecimento de um modo de regulação correspondente. A transformação dos modos de regulação faz parte do período longo de mudança dos modos de vida, das técnicas de produção, da espacialização das atividades, e não se faz instantaneamente, no tempo volátil das previsões. Contrariamente, portanto, à hipótese que a maioria dos programas de pesquisa em economia institucional prioriza, à exceção da pesquisa de Douglass North [1990].

A configuração paradoxal dos anos 1919-1939 marca uma etapa importante na evolução de longo prazo dos modos de regulação (*cf.* Figura 6).

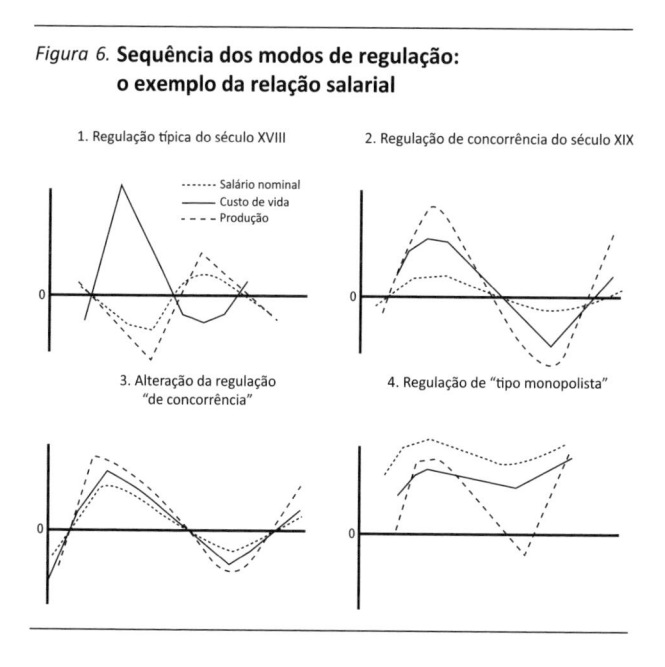

Figura 6. **Sequência dos modos de regulação: o exemplo da relação salarial**

1. Regulação típica do século XVIII
2. Regulação de concorrência do século XIX
3. Alteração da regulação "de concorrência"
4. Regulação de "tipo monopolista"

(······ Salário nominal / —— Custo de vida / ---- Produção)

Regulação monopolista: os trinta anos gloriosos

É somente a partir de meados dos anos 1950 que se estabelece a *regulação* que se convencionou chamar de *administrada*, ainda em gestação no período entre-guerras tanto na França quanto nos Estados Unidos. Na realidade, a passagem à moeda de cotação forçada é usada para financiar a acumulação e não mais as despesas de guerra; a relação salarial é radicalmente transformada pela indexação do salário nominal a partir dos preços e do que se chamava à época de "dividendos do progresso", ou seja, o aumento esperado da produtividade. Paralelamente, os elementos coletivos que entram no modo de vida assalariado (acesso à educação, saúde, habitação, etc.) são incorporados em sistemas de cobertura social, quer sejam bismarckianos — quando são as contribuições sociais e patronais que alimentam a cobertura social dos assalariados; quer sejam beveridgianos — quando a solidariedade social é financiada pela fiscalidade geral.

Essas mudanças fundamentais explicam a trajetória sem precedentes do salário: progressão quase contínua do salário real, perda de sensibilidade do salário nominal diante do desemprego e caráter estagflacionista das recessões. De onde se conclui que regulação monopolista é muito diferente de regulação de concorrência. Trata-se ainda de uma diferenciação com relação às outras abordagens institucionalistas que continuam a fazer do equilíbrio entre concorrência perfeita e informação simétrica o ponto de referência a partir do qual as instituições realmente existentes criam tantas imperfeições. Para a teoria da regulação, ao contrário, essa configuração institucional era coerente e gerava desempenhos que, retrospectivamente, pareciam notáveis.

Esse modo de regulação entrou em crise a partir do final dos anos 1960. Desde então, iniciou-se um processo de recomposição das formas institucionais que, até agora, não resultou num sucessor tão claramente identificável quanto o era a regulação monopolista.

Modos de regulação contemporâneos

Apesar disso, as pesquisas exploraram diversas hipóteses que se organizam em vista de certa hierarquia das formas institucionais.

Acirramento da concorrência, inclusive internacional

Em primeiro lugar, a desregulamentação e a abertura internacional quase ininterruptas desde meados dos anos 1960 fizeram da concorrência uma forma institucional importante, se não dominante [Petit, 1998]. De fato, ela tende a afetar a recomposição da relação salarial, de modo que os salários não são mais apenas componentes da procura efetiva, mas tornam-se um custo que contribui para a formação da competitividade. *Mutatis mutandis*, os Estados-nações estão em concorrência, inclusive em termos fiscais, em razão da mobilidade maior do capital, fazendo com que as relações Estado/economia se transformem por isso mesmo. Entretanto esse modo de regulação potencial é diferente da regulação de concorrência típica do século XIX no sentido de que opera no âmbito de um Estado cujas intervenções são multiformes, inclusive no que diz respeito à cobertura social.

Um modo de regulação dominado pela terceirização?

Uma lenta embora persistente transformação das estruturas produtivas ocorreu desde a Segunda Guerra Mundial. Enquanto a indústria manufatureira era a força motriz e tendia a impor sua dinâmica à conjuntura, o emprego terciário não parou de se desenvolver, a ponto de deslocar o centro de gravidade da economia [Petit, 1986]. O setor de serviços mostra uma articulação peculiar das formas institucionais (relativa segmentação, até mesmo bismarckiana, dos contratos de trabalho, concorrência por meio da qualidade e da localização, etc.). Consequentemente, nas economias contemporâneas, uma parte significativa das propriedades dos modos de regulação tem sua origem no setor terciário. Por exemplo, em virtude da inércia que prevalece nos serviços, as oscilações da atividade têm um alcance menor. Esse modo de regulação poderia ser vista no contexto da continuidade da transição da regulação à moda antiga (dominada pelo setor agrícola) para a regulação de concorrência (impulsionada pela indústria) e em seguida para a monopolista (caracterizada pela articulação peculiar entre indústria e serviço).

Um modo de regulação financeirizado?

De acordo com uma terceira abordagem, a multiplicação das inovações financeiras e a abertura aos fluxos de capitais internacionais de muitas economias, tanto desenvolvidas quanto em desenvolvimento, levantaram uma hipótese alternativa: a financeirização do modo de regulação [Aglietta, 1998]. Entretanto o processo de recomposição das formas institucionais nessas duas últimas décadas é tão complexo que, até hoje, o surgimento de um modo de regulação financeirizado continua incerto e difícil de determinar, pelo menos nos Estados Unidos dos anos 1990. Mas, com a explosão da bolha da internet, esse modo de regulação revela suas limitações e não parece capaz de se aplicar a um grande número de países [Boyer, 2002b].

Essa pluralidade dos modos de regulação potenciais ilustra uma decorrência fundamental da teoria: se retrospectivamente sua atualização dá a impressão de uma interpretação funcionalista, no tempo real das transformações estruturais a incerteza que rege o surgimento dos modos de regulação aparece claramente.

Conclusão: equilíbrio, desequilíbrio... regulação

A contribuição dessa problemática e a justificativa da escolha do termo "regulação" para caracterizá-la parecem evidentes.

Mesmo que estude o processo de crescimento, a teoria neoclássica concentra-se na noção de *equilíbrio*, já que esse processo deve convergir para um caminho dotado de estabilidade dinâmica, que o sistema de preços é suficiente para caracterizar. Além disso, essa teoria minimiza o impacto da moeda e ignora o caráter dinâmico do processo de acumulação inerente de uma economia capitalista [Sapir, 2000].

A teoria do *desequilíbrio* [Bénassy, 1984] estuda a hipótese de preços walrasianos e considera que eles resultam do processo oligopolístico de formação de preços, o que corresponde de fato às formas contemporâneas da concorrência. No entanto, salvo exceções, os modelos correspondentes não levam em consideração a dinâmica da acumulação, tampouco o papel das instituições, na coordenação das estratégias dos agentes econômicos.

A teoria da *regulação*, por sua vez, leva em conta toda a extensão do impacto das formas institucionais — relação salarial, formas de concorrência e regime monetário — na dinâmica da acumulação, que não mais se dá exclusivamente em decorrência do jogo dos preços relativos. Uma vez que alguns preços, como salários ou taxa de juros, resultam do jogo das formas institucionais, as ferramentas forjadas pela teoria do desequilíbrio, especialmente a noção de racionamento, podem ser empregadas para formalizar os modos de regulação.

3

REGIMES DE ACUMULAÇÃO E DINÂMICA HISTÓRICA

Já que a teoria da regulação trata das tendências de longo prazo, um segundo conceito tem papel importante: o de regime de acumulação. É importante reconstituí-lo em vista do esquema de reprodução proposto por Marx e seus sucessores. O objetivo é formalizar a dinâmica econômica por meio da análise explícita do impacto das formas institucionais na distribuição da renda entre salário e lucro, e da compatibilidade do imperativo de valorização e de realização, para retomar a terminologia marxista. Temos então uma multiplicidade de regimes de acumulação, não somente do ponto de vista teórico, mas também histórico. Essa variedade é bem delineada, já que a análise abrange tanto economias de industrialização antiga quanto economias em que o processo de industrialização é mais tardio.

Dos esquemas de reprodução aos regimes de acumulação

Se os modos de regulação tornam claros os encadeamentos conjunturais das principais variáveis macroeconômicas, tais como são compreendidas pelos agentes econômicos, o regime de acumulação molda as feições de um modelo de crescimento de longo prazo. Tal dualidade acarreta algumas dificuldades de interpretação.

Origem e significação

A noção de regime de acumulação é fundamental e não acarreta dupla interpretação com relação à noção de modo de regulação. Uma primeira clarificação faz um paralelo com uma coexistência equivalente nas outras teorias macroeconômicas. Na tradição keynesiana, o modelo IS-LM tem a função de traçar o impacto da política econômica sobre os níveis de atividade, enquanto outros modelos, de prazo mais longo, buscam apreender as condições de um crescimento regular. A mesma dualidade ocorre na macroeconomia neoclássica contemporânea: os modelos de ciclo real representam as consequências de inovações monetárias ou tecnológicas, enquanto os modelos de crescimento endógeno — como inclusive o modelo de Solow — deixam de lado a reprodução do ciclo para se ater aos fatores que contribuem para o crescimento de longo prazo.

Mas há uma razão bem mais fundamental para o uso da noção de regime de acumulação. Fiel à intuição marxista básica, a teoria da regulação tira da referência ao modo de produção capitalista a hipótese de um papel determinante da acumulação. No entanto, o regime de acumulação diferencia-se dos esquemas de reprodução pelo fato de seus parâmetros característicos originarem-se fundamentalmente de duas formas institucionais: a relação salarial e a forma de concorrência. Além disso, o valor desses parâmetros é muitas vezes estimado a partir de séries longas de estatísticas econômicas sobre a economia nacional. Assim, dispomos de um modelo de duas seções referente à economia francesa dos trinta anos gloriosos [Bertrand, 1983] e de um modelo equivalente para os EUA [Juillard, 1993], assim como de um modelo de vários regimes referente ao período entre-guerras [Boyer, 1989].

O Quadro 7 a seguir define completamente essa noção, bastando sublinhar os aspectos qualitativos e quantitativos. Na realidade, a viabilidade de um regime de acumulação levanta

QUADRO 7. DAS FORMAS INSTITUCIONAIS À MACROECONOMIA

Regime de acumulação

Conjunto das regularidades que garante uma progressão geral e relativamente coerente da acumulação do capital, isto é, que permite incorporar e desdobrar no tempo as distorções e os desequilíbrios que nascem permanentemente do próprio processo. Essas regularidades dizem respeito:

- ao tipo de evolução de organização da produção e da relação dos assalariados com os meios de produção;
- ao horizonte temporal de valorização do capital, a partir do qual podem se depreender os princípios de gestão;
- ao compartilhamento do valor permitindo a reprodução dinâmica de diferentes grupos sociais e classes;
- à composição da procura social que torna válida a evolução tendencial das capacidades de reprodução;
- à modalidade de articulação com as formas não capitalistas, quando tiveram um papel importante na formação econômica estudada.

Modo de regulação

Qualquer conjunto de procedimentos e comportamentos, individuais e coletivos, que tem como propriedade:

- reproduzir as relações sociais fundamentais por meio da combinação de formas institucionais historicamente determinadas;
- manter e "pilotar" o regime de acumulação vigente;
- garantir a compatibilidade dinâmica de um conjunto de decisões descentralizadas sem que seja necessária a internalização, pelos atores econômicos, dos princípios de ajuste do conjunto do sistema.

---

a questão da reprodução das formas institucionais. Quando um regime de acumulação entra em colapso, a arquitetura das formas institucionais é diretamente afetada. Último esclarecimento: essa noção é eminentemente abstrata e não pretende traçar o comportamento dos agentes econômicos: trata-se de uma ferramenta de análise para o pesquisador regulacionista.

Sequência de regimes de acumulação

As pesquisas históricas de período longo que têm como objeto os Estados Unidos, a França e outros países europeus e o Japão mostram de fato mudanças de regimes de acumulação. De maneira sucinta, há *dois parâmetros-chave* em escala secular. De um lado, *o caráter da acumulação*:

- *Com dominante extensiva*, se a configuração produtiva for ampla, mas sem uma mudança maior das técnicas de produção.
- *Com dominante intensiva*, se a organização da produção for permanentemente transformada para se extraírem ganhos de produtividade.

De outro, as *características da procura* mostram de maneira determinante duas configurações opostas:

O *modo de consumo*, inclusive o dos assalariados, é pouco integrado à produção manufatureira governada pelo capitalismo, tão somente porque era afiançado por um setor agrícola caracterizado pela pequena produção mercantil ou por relações de renda.

À medida que o assalariado e, em consequência, os níveis de salarização se desenvolvem, o próprio modo de vida dos assalariados se transforma, dependendo mais e mais da produção mantida pelo setor capitalista.

A combinação dessas duas características define *a priori* quatro regimes de acumulação efetivamente observados na história (*cf.* Tabela 2). Note-se que essas mudanças se dão em escala de várias décadas. O importante é evidenciar os fatores que dão origem à evolução dos regimes de acumulação. Muitas vezes são as grandes crises que marcam os limites de um regime e provocam as transformações que anunciam um novo.

Caracterizar os modos de desenvolvimento

Vamos agora determinar de que maneira esses diversos regimes originam-se das propriedades das formas institucionais

TABELA 2. QUATRO GRANDES REGIMES DE ACUMULAÇÃO: ENTRE TEORIA E HISTÓRIA

Natureza do consumo \ Natureza da acumulação	Com dominante Extensiva	Com dominante Intensiva
Pouco integrada ao capitalismo	Economia inglesa dos séculos XVIII-XIX ①	Economia norte-americana do século XIX ②
Muito integrada ao capitalismo	Economia norte-americana Último terço do século XX ④	Economias da OCDE Após 1945 ③

características de cada grande período e examinar em quais condições um regime de acumulação viável pode prevalecer. Nessa oportunidade, mencionaremos o modo de regulação que mantém cada regime. Chamaremos de *modo de desenvolvimento* a combinação de um regime de acumulação e de um modo de regulação.

Acumulação extensiva com regulação de concorrência

A teoria da regulação tem sua origem e sua pertinência nas economias em que concorrência e relação salarial impõem sua lógica à totalidade da atividade econômica. É o caso das economias de industrialização antiga. Se nos referirmos à segunda metade do século XIX, observaremos uma configuração bem peculiar. A concorrência era determinada pelas empresas capitalistas em razão da superioridade dos métodos empregados e de suas organizações produtivas: tendiam a suplantar as formas precedentes, por exemplo a da pequena produção mercantil, para retomar a terminologia de Marx. A produção desenvolve-se sob efeito da acumulação no setor motor, que era então o setor das empresas industriais capitalistas. É nesse sentido que se pode qualificar a acumulação de extensiva. Quanto ao assalariado industrial, ele se encontra em pleno desenvolvimento, ainda que sendo minoritário, contribuindo de maneira decisiva para a formação do lucro, embora não seja, ou seja pouco, partícipe da formação da procura. Consequentemente, a reprodução econômica concentra-se sobre a procura expressa pelas populações do campo, pela burguesia ou então pelas despesas públicas. É nesse sentido que se pode falar de uma procura alavancada pelos lucros.

Como se estabiliza a acumulação? Por meio principalmente das flutuações da frota de reserva, isto é, do papel das oscilações da atividade industrial sobre a formação do salário nominal. De fato, se não estiverem bem organizados coletivamente, os assalariados dispõem de um fraquíssimo poder de negociação. Quando a conjuntura industrial entusiasma-se, as contratações evidenciam a retomada do emprego, permitindo um aumento dos salários. Quando, pelo contrário, a conjuntura se retrai, os assalariados sofrem na pele as crises industriais, que tendem a atingir a economia como um todo, à medida que se suplanta a regulação à maneira antiga, centrada na atividade rural.

Na realidade, para além das espetaculares e muitas vezes dolorosas transformações sociais, esse regime de acumulação assegurou o florescimento do primeiro capitalismo industrial.

Acumulação intensiva sem consumo de massa

As configurações da acumulação não resultam necessariamente num regime dotado de estabilidade dinâmica. Nesse sentido, o período entre-guerras é esclarecedor. Em sua quase totalidade, efetivamente, as formas institucionais passaram por transformações fundamentais. Uma primeira mudança diz respeito à mobilização da ciência e da técnica para desenvolver novos produtos e exercer pressão na racionalização dos métodos de produção. Os ganhos de produtividade sem precedentes do período ilustram a transição para uma acumulação intensiva, construída a partir da cumulatividade da melhoria das técnicas de produção. É a época da produção de massa e dos seus rendimentos de escala. O impulso da salarização introduz uma segunda transformação com relação ao fim do século XIX. Por consequência, a procura que vinha dos assalariados torna-se importante, mas sua gênese bate de frente com o fato de a relação salarial continuar marcada pelo caráter competitivo da formação dos salários.

Nessas condições, a aceleração da produtividade conduz ao início de uma acumulação puxada pelos lucros, mas que acaba entrando em choque com um desequilíbrio entre as capacidades de produção e a procura. De fato, o crescimento da produção industrial não é acompanhado de uma evolução tão favorável do emprego, fazendo com que o salário real não seja ajustado a partir dos ganhos de produtividade. Em consequência, a diminuição do crescimento da massa salarial pesa sobre a procura.

Pode-se explicar assim o caráter muito peculiar da crise aberta de 1929 nos Estados Unidos: tanto o *boom* e a euforia dos anos 1920 quanto a depressão de 1929-1932 ilustram a inviabilidade do regime de acumulação oriundo da Primeira Guerra Mundial.

Acumulação intensiva com consumo de massa

Por que uma sequência semelhante não se reproduziu após o fim da Segunda Guerra Mundial, como temiam os contemporâneos? Na realidade, a extensão e a sincronização das mudanças ocorridas no âmbito dos compromissos institucionalizados criaram um regime viável de acumulação intensiva já que, a partir dos anos 1950, produção e consumo de massa andam juntos. Essa mudança acontece, em especial, graças à institucionalização de uma relação salarial fordista baseada no princípio do compartilhamento *ex ante* dos ganhos de produtividade. Paralelamente, a aplicação da ciência e dos avanços tecnológicos à produção torna-se sistemática, enquanto se alarga o horizonte temporal de valorização do capital. Esse alargamento depende também do vigor e da relativa estabilidade do crescimento, cujo resultado contribui para a implementação de uma nova concepção das relações Estado/economia. O Estado incentiva o investimento produtivo, realiza as infraestruturas necessárias à eficiência do investimento e promove a cobertura social para a proteção dos assalariados. Por fim, sob o estandarte do keynesianismo, os governos desenvolveram políticas de estabilização da conjuntura. Todos esses são fatores que estendem o horizonte da previsão e tornam possível a mobilização dos rendimentos de escala e dos efeitos de aprendizagem.

O regime de acumulação intensivo baseado no consumo de massa inicia, portanto, a era do fordismo. Com relação aos regimes anteriores (*cf.* Tabela 3), tem a peculiaridade de institucionalizar uma complementaridade real entre o consumo dos assalariados e o investimento, resultando em uma significativa divisão das rendas, tanto entre salário e lucro quanto entre os próprios assalariados. Esse regime de acumulação caracteriza-se por um modo de regulação chamado de monopolista ou administrado, por ser organizado a partir da institucionalização dos procedimentos de ajuste em resposta aos riscos da atividade econômica. Há uma condição derradeira para o sucesso desse modo de regulação: a falta de coerção importante oriunda do ambiente internacional, o que permite o sistema de Bretton Woods. Quando os riscos de inflação assumidos pelas diferentes regulações nacionais divergirem, o potencial de crescimento estará em geral restaurado graças a um reajuste periódico das taxas de câmbio.

TABELA 3. QUADRO SINÓPTICO DOS REGIMES DE ACUMULAÇÃO

Regime Componentes	Extensivo com regulação de concorrência	Intensivo sem consumo de massa	Intensivo com consumo de massa	Extensivo, não igualitário
Organização da produção	Grande manufatura	Taylorismo, em seguida cadeia de montagem	Mobilização dos rendimentos de escala	Esgotamento dos ganhos de produtividade e terceirização
Relação salarial	Competitiva	Sempre competitiva apesar do crescimento do salário	Codificação do compartilhamento dos ganhos de produtividade	Descentralização, individualização e enfraquecimento das organizações coletivas
Compartilhamento do valor agregado	Regulado pela frota de reserva	Em benefício dos lucros	Estabilização *ex ante* do compartilhamento	Redução da porção salarial, em seguida estabilização
Composição da procura social	Rural, burguesa, despesas públicas	Parte crescente da procura dos assalariados	Papel motor da procura dos assalariados	Estratificada em função da renda, ela mesma ligada às competências

Acumulação extensiva com aprofundamento das desigualdades

Nos Estados Unidos, esse regime sucedeu o fordismo, visto que sua crise se manifesta por um esgotamento das fontes anteriores de ganhos de produtividade, em decorrência de razões diretamente tecnológicas (dificuldade de conseguir ganhos de produtividade diante da demanda de diferenciação dos produtos) e sociais (contestação da lógica do trabalho fordiano). Já que à crise de um paradigma produtivo não se segue necessariamente outro paradigma dotado de características equivalentes, os anos 1970 foram marcados pela volta de uma acumulação com dominante extensiva (*cf.* Figura 7). É paradoxal porque os esforços de inovação

Figura 7. **Produtividade e salário real nos Estados Unidos**

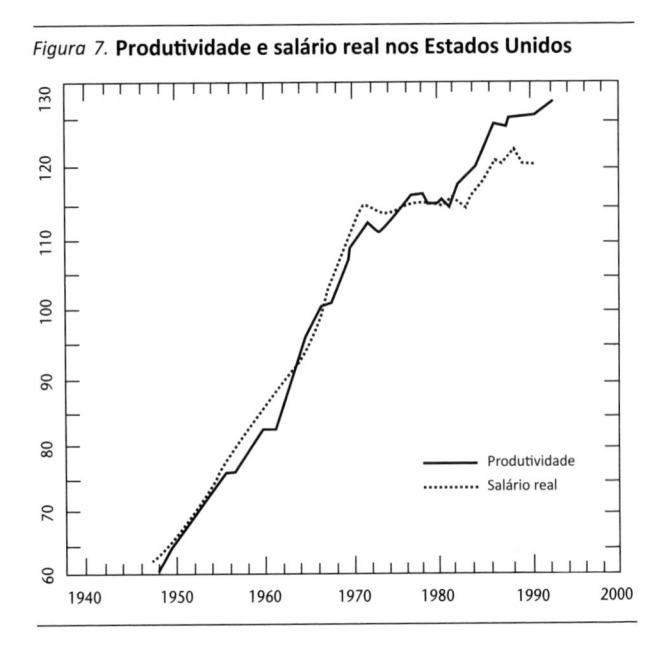

foram intensificados sem que tivesse se manifestado uma retomada dos ganhos de produtividade, o que só vai acontecer na década seguinte e mais ainda nos anos 1990.

O segundo componente desse regime de acumulação advém da erosão, ou mesmo da decomposição salarial fordista, sob o efeito da perda de poder de negociação dos sindicatos face ao desemprego que resulta da crise fordista. Descentralização das negociações no âmbito das empresas, individualização dos contratos de trabalho em função das competências, supressão das cláusulas de indexação com relação à inflação e aos ganhos de produtividade, são alguns dos fatores que ocasionaram o aumento das desigualdades no próprio assalariado (*cf.* Figura 8). As lutas de classificação tendem a substituir as lutas de classe, o que contribui para o fim da relação salarial anterior.

O regime baseia-se, portanto, em um aprofundamento da diferenciação dos produtos em resposta ao aumento das

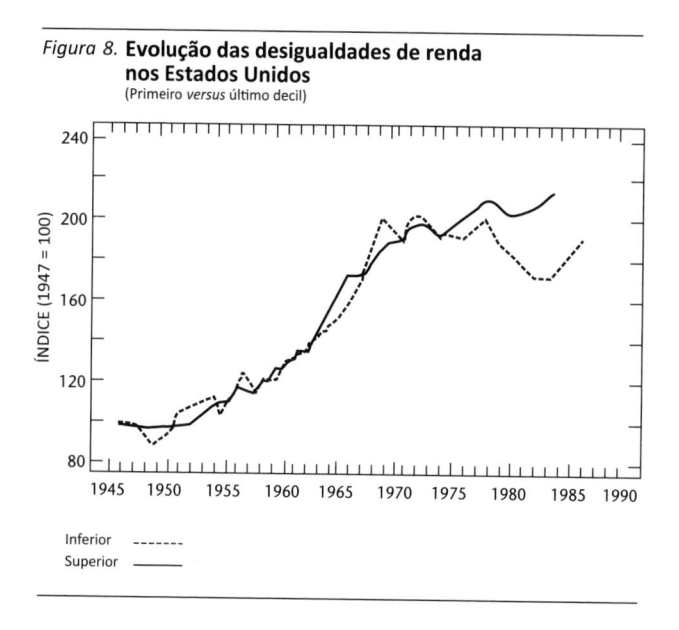

Figura 8. **Evolução das desigualdades de renda nos Estados Unidos**
(Primeiro *versus* último decil)

desigualdades, pois esse é o princípio de retroação da acumulação. Quanto à "flexibilização" das relações salariais, ela autoriza reduções de custos mediante a diminuição dos custos salariais, e não pela busca de técnicas econômicas de trabalho, como era o caso no fordismo, caracterizado pela previsão da permanência do crescimento do salário real. Dessa forma, a abertura cada vez mais acentuada à concorrência internacional tem como consequência a minoração dos custos salariais. Além disso, as trajetórias setoriais diferenciam-se segundo o grau de competitividade.

Observação importante: esse modo de desenvolvimento exibe índices de desempenhos globais inferiores aos do fordismo, uma vez que é caracterizado pela clara retração da progressão do nível de vida, do desemprego mais elevado, dos lucros incertos e do aprofundamento das desigualdades sociais, o que não deixa de influir na própria aceitabilidade deste regime. Contudo, ele sucede o fordismo, invalidando a hipótese de uma evolução dos regimes de acumulação em função de sua capacidade de oferecer uma eficiência maior. Trata-se, pois, de um desmentido endereçado tanto à construção neoclássica quanto às concepções marxistas, que pressupõem um papel determinante da produtividade sobre o crescimento e das forças produtivas sobre a reconfiguração das relações sociais, respectivamente. Para a teoria da regulação, as formas institucionais aperfeiçoam o regime de crescimento, assim como a direção e a intensidade da inovação.

Formalizar o fordismo para estudar sua viabilidade e as crises

Como apreender a viabilidade de um modo de desenvolvimento? Responder a essa questão pressupõe que se passou da análise institucional e qualitativa à representação quantificada das relações entre as principais variáveis que atuam em cada configuração das formas institucionais. Para fins pedagógicos, é a formalização do fordismo que será apresentada em primeiro lugar; a parte seguinte desenvolverá um modelo mais geral.

Encadeamentos-chave

Com relação à caracterização anterior, é possível explicitar três mecanismos primordiais do fordismo (*cf.* Figura 9). O primeiro diz respeito à dinâmica dos ganhos de produtividade: o crescimento permite que se consigam ganhos de produtividade em conformidade com a existência de rendimentos de escala e de efeitos de aprendizagem. O segundo associa, de maneira mais ou menos evidente, a formação dos salários à evolução dos preços ao consumidor e aos ganhos de produtividade. Esse segundo mecanismo, portanto, define como se repartem os ganhos de produtividade entre salário e lucro. O terceiro mecanismo mostra como se forma a procura uma vez que já se conhece a distribuição da renda, pressupondo que o consumo dos assalariados é um indicador-chave para a decisão de investimento das empresas.

Figura 9. **Ciclo virtuoso do crescimento fordiano e suas três condições**

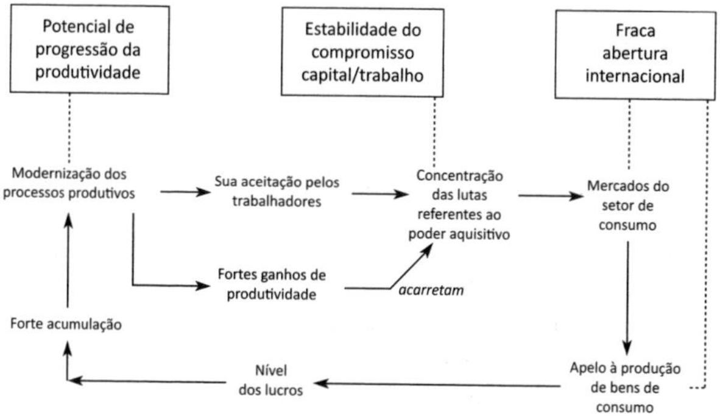

```
   Potencial de              Estabilidade do              Fraca
   progressão da              compromisso               abertura
   produtividade            capital/trabalho          internacional


 Modernização dos      Sua aceitação pelos      Concentração
processos produtivos     trabalhadores          das lutas          Mercados do
                                                referentes ao       setor de
                                                poder aquisitivo    consumo

                         Fortes ganhos de
                         produtividade      acarretam
 Forte acumulação

                              Nível                          Apelo à produção
                           dos lucros                          de bens de
                                                                consumo
```

Por fim, para que a procura se transforme em produção, é preciso ainda que as capacidades de produção estejam disponíveis e que as importações não absorvam uma parte importante dessa procura. A hipótese subjacente é que a economia não é aberta ou é pouco aberta à economia internacional. Quando subtraímos essa hipótese, chegamos a outros regimes de acumulação especialmente importantes nos anos 1980 e 1990, principalmente em países ditos periféricos, ou seja, países fortemente dependentes em termos de comércio, tecnologia e finança.

Equações de base

Tomando como base essa representação extremamente simplificada do circuito econômico, é possível construir um modelo que descreva as variáveis-chave desse regime (*cf.* Quadro 8, pág. 92).

Quadro 8. O modelo de crescimento fordiano

Equações

(1) $\overset{\circ}{PR} = a + b \cdot (I/Q) + d \cdot \overset{\circ}{Q}$ PR: Produtividade; Q: Produção
(2) $(I/Q) = f + v \cdot \overset{\circ}{C}$ I: Volume do investimento; C: Consumo

(3) $\overset{\circ}{C} = c \cdot (\overset{\circ}{N} \cdot SR) + g$ N: Emprego; SR: Salário real;
(4) $(\overset{\circ}{SR}) = k \cdot \overset{\circ}{PR} + h$ k: Coeficiente de compartilhamento dos ganhos de produtividade

(5) $\overset{\circ}{Q} = \overset{\circ}{D} = \alpha \cdot \overset{\circ}{C} + (1 - \alpha) \cdot \overset{\circ}{I}$ D: Procura com $\alpha = (C/Q)_{-1}$ variável de longo prazo

(6) $\overset{\circ}{N} = \overset{\circ}{Q} - \overset{\circ}{PR}$ Determinação do emprego

Os ° designam as taxas de crescimento de cada variável

Representação gráfica

O modelo anterior é interpretado facilmente como resultado de um duplo processo:
1. Garantido o ritmo de crescimento dos mercados, quais são as tendências da produtividade [relação (I)]?
2. Para uma determinada evolução da produtividade, qual é a distribuição das rendas entre salário e lucro, crescimento do consumo e do investimento e, por fim, da procura global [relação (II)]?

De onde temos a seguinte representação gráfica:

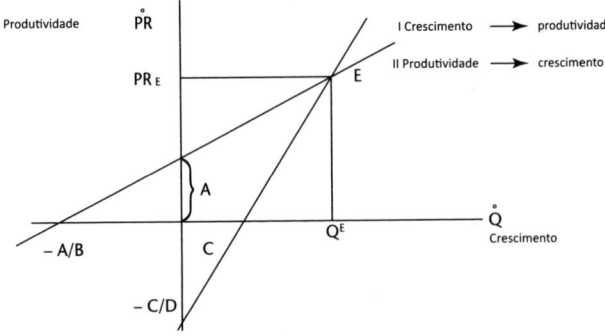

Simplificando e linearizando certas relações do modelo, a solução analítica é a seguinte:

(I) $\overset{\circ}{PR} = A + B \cdot \overset{\circ}{Q}$

(III) $\overset{\circ}{Q}^E = \dfrac{C + D \cdot A}{1 - D \cdot B}$

Com $A = a + bf e$

$C = \dfrac{\alpha \cdot (c \cdot h + g) + (1 - \alpha) \cdot f}{1 - \alpha \cdot c - (1 - \alpha) \cdot v}$

(II) $\overset{\circ}{Q} = C + D \cdot \overset{\circ}{PR}$

$\overset{\circ}{N}^E = \dfrac{C(1 - B) + A(D - 1)}{1 - D \cdot B}$

$B = bv + d$

e $D = \dfrac{\alpha c \cdot (k - 1)}{1 - \alpha \cdot c - (1 - \alpha) \cdot v}$

A evolução da produtividade depende das tendências das mudanças técnicas, da intensidade da formação do capital e da existência de rendimentos de escala crescentes. Esses três termos abrangem diferentes concepções. A tradição schumpeteriana é representada pelo termo constante, expressão de tendências exógenas à mudança técnica. Os modelos de geração de capital traduzem-se pelo impacto do fluxo de investimentos na melhoria das tecnologias. Por fim, as análises kaldorianas, que se revelaram essenciais, levam em consideração o impacto do dinamismo da produção sobre a produtividade.

A intensidade da formação do capital depende do ritmo de crescimento do consumo, o que acarreta uma dupla interpretação. Conforme a tradição pós-keynesiana, reconhece-se um mecanismo de aceleração, mas trata-se também do fato de a modernização do setor que produz os bens de consumo ser, no fordismo, o principal motivador da produção de máquinas e bens de equipamento. Essa segunda equação resume então uma característica-chave do modelo em seções produtivas [Bertrand, 1983].

Quanto ao consumo, ele faz parte de uma lógica mais kaleckiana que keynesiana. Na realidade, deve-se a Michal Kalecki a máxima segundo a qual "os capitalistas ganham o que gastam, os assalariados gastam aquilo que ganham", que reflete a assimetria fundamental que caracteriza a relação salarial. Dessa forma, o consumo depende da massa salarial, hipótese mais razoável já que a atividade salarial é dominante. Sem maiores dificuldades, poder-se-ia levar em conta um comportamento de consumo diferente para os assalariados e os titulares do lucro. A formação do salário diz respeito a duas hipóteses centrais. Como o salário nominal está totalmente atrelado a um índice de preços do consumo, é o salário real que se torna a variável pertinente. Entretanto, o salário real é objeto de uma indexação mais ou menos clara e institucionalizada a partir dos ganhos de produtividade. Nota-se a falta de qualquer relação referente à situação do emprego e do desemprego, em conformidade com os ensinamentos dos estudos econômicos que mostram o papel menor do desemprego no fordismo [Boyer, 1978].

A quinta equação tem a forma de uma simples equação contábil que iguala produção e procura. Entretanto ela tem um significado econômico peculiar, já que postula que é a dinâmica da procura que limita a produção, estendendo ao médio e ao longo prazo uma hipótese que a macroeconomia contemporânea preconiza apenas para o curto prazo. Essa hipótese deixa de lado a concepção compartilhada pela quase totalidade dos macroeconomistas (neoclássicos, neokeynesianos e clássicos). Foi criticada [Duménil e Lévy, 2002], mas tem o mérito de evidenciar a dependência das capacidades de produção com respeito à evolução da procura, tanto por meio de investimento e mecanismo de aceleração quanto em decorrência da dependência da intensidade de mudança técnica com relação à pressão da procura. Da mesma forma, a sexta e última equação define o crescimento do emprego como distensão entre as tendências da produção e da produtividade. Incorpora realmente uma hipótese forte, mas não necessariamente invalidada pelos dados econométricos: o emprego não depende essencialmente de fenômenos de substituição capital/trabalho, mas do nível da procura e dos determinantes da produtividade [Boyer, 1999]. O que vem se inserir na tradição dos modelos de crescimento pós-keynesianos.

Três condições de viabilidade

As equações mencionadas anteriormente podem ser interpretadas a partir de um duplo processo, característica típica de uma teoria do crescimento cumulativo aplicada ao fordismo (segunda parte do Quadro 8 acima). Em primeiro lugar, conhecendo-se o ritmo de crescimento da procura, quais são as tendências da produtividade? Em seguida, com vistas à evolução da produtividade, como se distribui a renda e qual é, em consequência, o crescimento do consumo, do investimento, em suma, da produção? Para exemplficiar, o crescimento fordista decorre do equivalente a um motor de dois tempos: no início a produtividade destrava o crescimento, depois o crescimento estimula a produtividade. Essa formulação literal dá a impressão de um processo explosivo, pois que é fundamentalmente desequilibrado.

De fato, para que um regime seja viável, é importante que uma perturbação exógena transitória não afete o caminho de crescimento, condição que pressupõe que o nível de indexação do salário real com relação à produtividade esteja compreendido entre dois limites definidos a partir do regime de produtividade e de procura. Se for muito baixo, a economia corre o risco de colapso; se for muito elevado, há risco de explosão (*cf.* Quadro 9).

Mas essa não é a única condição. É preciso garantir que os lucros não evoluam desfavoravelmente a ponto de pôr em jogo a validade da equação (2), que apresenta o dinamismo do consumo como único fator explicativo do investimento. É preciso que a indexação do salário real a partir da produtividade seja inferior a outro patamar limite dependendo do regime de produtividade e de procura.

Por fim, se quisermos considerar uma característica importante do período fordista, é preciso ter a garantia de que o emprego seja crescente. Essa condição é atendida se os componentes autônomos da procura tiverem um dinamismo superior às tendências do avanço técnico em matéria de economia no âmbito do trabalho. Chegamos assim ao que se pode chamar de caracterização neoschumpeteriana do fordismo: o emprego é crescente desde que a inovação de produto leve a melhor sobre a inovação de processo.

Eis todo o interesse da modelação econômica, ainda que extremamente simples: tornar explícitas as condições de possibilidade

QUADRO 9. CONDIÇÕES DO PROCESSO DE CRESCIMENTO FORDISTA VIRTUOSO

Ao observarmos o período 1950-1967, encontramos três características fundamentais: crescimento tendencial, claramente moderado, do emprego; relativa estabilização das oscilações conjunturais; e, pelo menos inicialmente, falta de tendência adversa importante com respeito à porção dos lucros. O modelo permite determinar em quais condições tecnológicas e institucionais essas três características são confirmadas.

Para que o emprego aumente, é preciso que os componentes autônomos da procura (tanto consumo quanto investimento) tenham um dinamismo superior às tendências do avanço técnico em matéria de economia no âmbito do trabalho [Condição C1].

Para que o caminho de crescimento seja estável por meio de um processo de autocorreção dos desequilíbrios de curto prazo, o nível de indexação dos salários com relação à produtividade deve estar compreendido entre dois limites determinados pelas características das técnicas e pela formação da procura [Condição C2].

A falta de evolução desfavorável com relação aos lucros pressupõe que o nível de indexação dos salários é inferior a outro limite, função dos parâmetros técnicos e da procura [Condição C3].

C1 $\quad \dfrac{C(1-B) + A(D-1)}{1 - D \cdot B} > 0 \quad$ Condição de crescimento do emprego

C2 $\quad 1 - \dfrac{|1 - \alpha c - (1-\alpha)v|}{\alpha c \,(bv + d)} < k < 1 + \dfrac{|1 - \alpha c - (1-\alpha)v|}{\alpha c \,(bv + d)} \quad$ Condição de estabilidade do caminho de crescimento

C3 $\quad A + B \cdot \left(\dfrac{C + D \cdot A}{1 - DB} \right) \geq \dfrac{h}{1 - k} \quad$ Condição para que a porção dos lucros não caia tendencialmente

de um regime fordista. Simetricamente, permite diagnosticar os fatores de crise desse regime.

Fontes de crise

À luz desse modelo, são três as fontes de crise.

Pode acontecer que, em primeiro lugar, *esgotem-se os ganhos de produtividade* ligados aos modelos fordistas de produção, como foi observado inicialmente nos EUA [Bowles, Gordon e Weiskopf, 1986] e posteriormente na França [Coriat, 1995], fazendo com que a economia entre numa zona de instabilidade.

Em segundo lugar, a manutenção do pleno emprego dá poder de negociação aos assalariados, que reivindicam então uma *indexação mais completa* dos seus salários sobre os ganhos de produtividade. Em seguida, a ruptura posterior das tendências da produtividade com relação às previsões, nas quais se baseavam os acordos coletivos, pode também elevar o grau de indexação observado *ex post* [Boyer, 1986b]. A partir do momento em que o patamar superior definido pela condição C2 é ultrapassado, a estabilidade do regime de crescimento não é mais garantida.

Por fim, na falta de inovações radicais em matéria de produtos, a maturação do consumo de massa pode implicar uma evolução desfavorável do emprego, já que as inovações em matéria de procedimentos levam a melhor sobre as inovações em matéria de produtos [Lorenzi, Pastré e Tolédano, 1980; Réal, 1990]. Além disso, o próprio sucesso da produção fordista acarreta um deslocamento do emprego em direção ao setor terciário [Petit, 1986], inclusive de educação, saúde e lazer, áreas nas quais os métodos fordianos são *a priori* pouco adaptáveis, visto que a procura deve ser resolvida por uma intervenção do Estado, tema presente desde os trabalhos pioneiros da teoria da regulação [Aglietta, 1976]. Portanto, antes mesmo de entrar em uma zona de instabilidade, pode ocorrer na economia uma divergência entre a evolução da população ativa e a dinâmica do emprego.

Ademais, se os lucros forem então afetados negativamente, ocorrerá uma diminuição, até mesmo um bloqueio do investimento. A economia sai assim da zona de validade do fordismo para entrar numa zona chamada de clássica, na qual a deterioração dos lucros influencia negativamente o nível da atividade.

Eis então os fatos que nos fazem lembrar das evoluções observadas tanto nos Estados Unidos quanto em diversos países europeus nos anos 1970.

Modelo geral com vários regimes

A partir do final dos anos 1970, as limitações dos regimes de crescimento do pós-guerra, relacionadas à crise do fordismo ou à desestabilização do sistema monetário internacional, parecem evidentes para a maioria dos atores econômicos. Provocam, em primeiro lugar, uma reviravolta das políticas econômicas, depois um retorno aos fundamentos de certas formas institucionais. Se o monetarismo surge como o primeiro a disputar a legitimidade do keynesianismo, é, em seguida, a concepção clássica que volta de forma marcante: os salários, antigamente considerados um fator de dinamização da procura, passam a ser cada vez mais considerados encargos que pesam sobre a rentabilidade das empresas e sobre a competitividade da economia nacional. Em consequência, muitos governos conservadores revisam a legislação do trabalho, promovem a concorrência e a abertura internacional e redefinem o papel do Estado — a tal ponto que, no início dos anos 1980, pelo menos nos discursos políticos, uma concepção dos antípodas do fordismo tende a se impor: a diminuição salarial de hoje acarreta os lucros que suscitarão o investimento de amanhã e o emprego de depois de amanhã, proposta conhecida como *Teorema de Schmidt*. Era apenas a primeira etapa de uma estratégia que ficou conhecida na França como *desinflação competitiva* [Lordon, 1997] e, em nível internacional, de *política conservadora neoliberal* [Bowles, Gordon e Weiskopf, 1986; Boyer, 1990]. Mas em que medida esse regime de acumulação é viável?

Reintroduzir os fatores de concorrência

Esse novo curso das políticas econômicas é um convite à generalização do modelo fordiano acrescido dos mecanismos de concorrência. É também uma maneira de analisar os regimes de acumulação extensiva em regulação de concorrência, típica do século XIX, na condição de caso-limite desse modelo. Basta proceder a duas generalizações. Em primeiro lugar, o investimento depende tanto da evolução do consumo quanto dos lucros. Em segundo lugar, o salário real não depende mais unicamente da produtividade, mas também do crescimento do emprego como medida da situação do "mercado de trabalho" (*cf.* Quadro 10).

Multiplicidade de regimes de produtividade e de procura

A consequência dessa extensão é tornar consideravelmente mais ricas as configurações respectivas dos regimes de produtividade e de procura. No que diz respeito ao regime de produtividade, fica evidente que esta pode se revelar crescente com a produção não somente no caso fordiano, em que os rendimentos de escala são elevados, e a indexação, limitada, mas também em um caso tipicamente clássico: o crescimento alimenta os lucros, que, por sua vez, estimulam o investimento, fonte de ganhos de produtividade. O regime de procura pode também ser crescente com a produtividade no caso clássico, em que a formação dos salários é principalmente competitiva, e o investimento, bastante dependente dos lucros. Assim parece possível um regime de acumulação em conformidade com a intuição clássica.

Parece que podem também existir *regimes híbridos*. Ainda que existam rendimentos crescentes, pode-se observar uma relação negativa entre produtividade e crescimento, já que o nível de indexação dos salários é muito elevado. Do mesmo modo, a indexação dos salários não é uma condição imprescindível para que se observe um regime de procura crescente com a produtividade, pois basta reforçar o papel do lucro para que se inverta o regime de procura.

Quando combinamos os diferentes regimes de produtividade e de procura, obtemos uma variedade de configurações

QUADRO 10. REGIMES DE ACUMULAÇÃO: MODELO GERAL

Para tratar dos modos de regulação de concorrência, como a influência das estratégias liberais sobre a transformação do regime de acumulação fordista, é importante generalizar o modelo de crescimento apresentado anteriormente (*cf.* Quadro 4, pág. 42). Fundamentalmente, o encadeamento clássico está exposto abaixo. Salários competitivos possibilitam altos lucros, que alimentam o investimento e, consequentemente, a produtividade. O restabelecimento do crescimento — puxado pelo investimento e, em economia aberta, pelas exportações — acarreta, enfim, um dinamismo do emprego. De forma ideal, o círculo virtuoso clássico apresenta-se da seguinte forma:

Encadeamentos do crescimento clássico

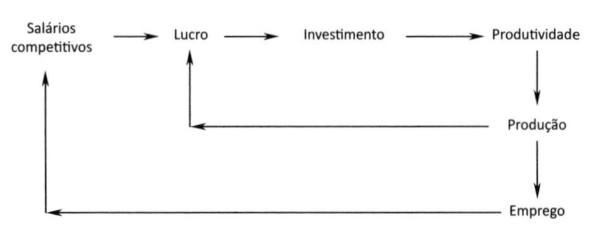

```
Salários          →  Lucro  →  Investimento  →  Produtividade
competitivos                                          │
   ↑                                                  ↓
   │                                              Produção
   │                                                  │
   │                                                  ↓
   └──────────────────────────────────────────── Emprego
```

De fato, em decorrência das necessidades de análise, esses mecanismos serão combinados com os mecanismos do ciclo fordiano referente ao sincronismo entre salário real e produtividade. Para tanto, basta introduzir duas generalizações:

O índice de investimento depende tanto do ritmo de crescimento do consumo quanto da parcela dos lucros no valor agregado [equação 2']. A equação contém como caso particular tanto a hipótese clássica pura ($v = 0$, $u >> 0$) quanto a hipótese fordiana típica ($v >> 0$, $u = 0$).

O salário real combina duas determinações opostas: uma repartição explícita dos ganhos de produtividade e dos efeitos de concorrência, em conformidade com a elasticidade positiva das tendências do emprego [relação 4']. As configurações escalonam-se do caso fordiano típico ($k > 0$, $l = 0$) ao caso de concorrência puro ($k = 0$, $l >> 0$).

Daí, com relação ao modelo anterior, as três mudanças a seguir:

(2') $\dfrac{I}{Q} = f + v \cdot \overset{\circ}{C} + u \left(\dfrac{PRO}{Q}\right)$ I: Volume de investimento; C: Taxa de crescimento do consumo; PRO/Q: Parcela dos lucros

(4') $\overset{\circ}{S}R = k \cdot \overset{\circ}{PR} + \ell \cdot \overset{\circ}{N} + h$ ℓ: elasticidade do salário real com relação ao emprego

(7) $PRO = Q - SR \cdot N$ Determinação dos lucros

Após a simplificação e linearização, a solução tem a mesma forma geral que a anterior [*cf.* fórmulas (I) a (III) do Quadro 8, pág. 92], com as novas expressões, que são as seguintes:

$$A = \dfrac{a + bf + vg + b(vc - u) \cdot h}{1 - b(vc - u) \cdot (k - 1 - \ell)} \qquad B = \dfrac{b[vc(1 + \ell) - 1] + d}{1 - b(vc - u) \cdot (k - 1 - \ell)}$$

$$C = \dfrac{(1 - \alpha)f + (ch + g)[\alpha + (1 - \alpha) \cdot v] - h(1 - \alpha)u}{1 - [\alpha + (1 - \alpha)v] \cdot c(1 + \ell) + \ell(1 - \alpha) \cdot u}$$

$$D = \dfrac{[\alpha c + (1 - \alpha)v]vc - (1 + \alpha)u] \cdot (k - \ell - 1)}{1 - [\alpha + (1 - \alpha)v] \cdot c(1 + \ell) + \ell(1 - \alpha) \cdot u}$$

que correspondem ora a regimes de acumulação viáveis ora a situações de crise.

Retorno à periodização

Essa tipologia permite que se faça uma interpretação mais analítica da sequência dos períodos apresentados anteriormente (*cf.* Figura 10, pág. 102).

O *século XIX* caracteriza-se por uma forte influência da acumulação do capital sobre a produtividade, porém com rendimentos de escala moderados. Os salários são essencialmente competitivos e o investimento é dependente dos lucros. Para valores verossímeis dos parâmetros, um regime de acumulação anteriormente chamado de extensivo em regulação de concorrência é capaz de se estabelecer e acarretar *um crescimento moderado, porém estável*.

O *período entre-guerras* é marcado pela importância dos rendimentos de escala típicos da produção de massa. Os salários continuam a se formar numa base fundamentalmente de concorrência, dando continuidade ao período precedente. No entanto uma novidade está ligada ao fato de o investimento tornar-se sensível à procura, inclusive da procura oriunda dos assalariados, em razão do aumento do número dos mesmos. Em consequência, o ritmo de crescimento aumenta, mas o processo torna-se instável devido à relação negativa entre procura e produtividade, em razão fundamentalmente da falta de indexação do salário com relação à produtividade. É assim que se pode interpretar a crise de 1929-1932: crise de um regime de acumulação intensiva sem surgimento de consumo de massa.

A *era dos trinta anos gloriosos* é, pois, o prolongamento do período entre-guerras visto que há continuidade da implementação dos métodos de organização científica do trabalho e que a dependência do investimento com relação ao dinamismo da procura se aprofunda. A elaboração de modelos mostra que a mudança fundamental é a que diz respeito ao compromisso salarial fordiano em virtude do qual os assalariados têm acesso aos "dividendos do progresso", ou seja, a um compartilhamento dos ganhos de produtividade. Estimativas econométricas que têm como objeto os Estados Unidos [Leroy, 2002] confirmam que essa mudança bastou para possibilitar o advento do fordismo, isto é, de um regime viável de acumulação intensiva baseado no consumo de massa.

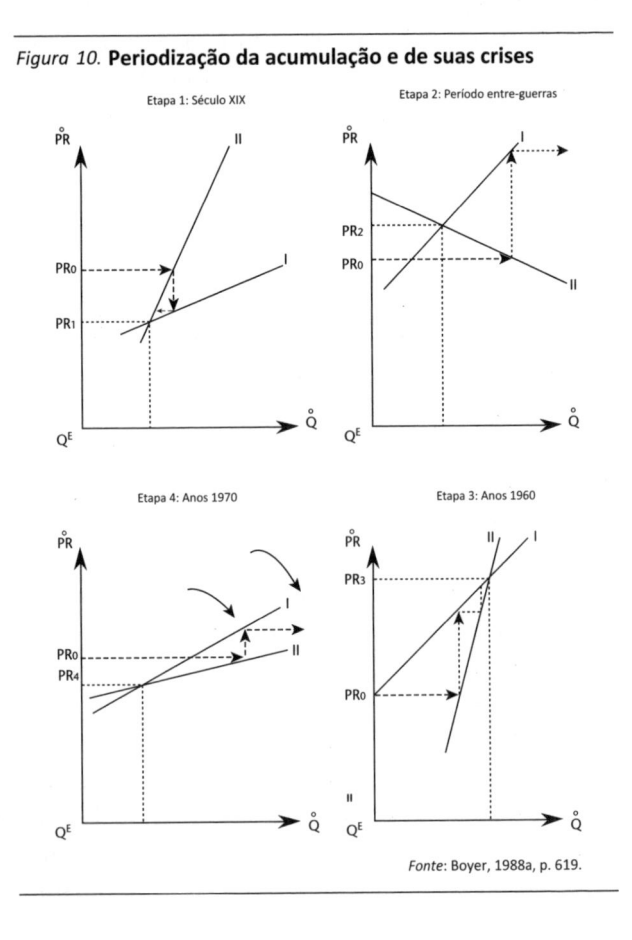

Figura 10. **Periodização da acumulação e de suas crises**

Etapa 1: Século XIX

Etapa 2: Período entre-guerras

Etapa 4: Anos 1970

Etapa 3: Anos 1960

Fonte: Boyer, 1988a, p. 619.

O *período dos vinte anos dolorosos* (anos 1970 e 1980) apresenta o fim desse regime a partir do efeito da conjunção de diferentes mudanças. O fenômeno determinante é a forte desaceleração dos ganhos de produtividade em razão do quase desaparecimento dos rendimentos de escala, em decorrência do advento da maturidade das indústrias fordianas. Esse fenômeno foi espetacular nos EUA, propagando-se em seguida pelos outros países industrializados. Em alguns países europeus, a superindexação dos salários penalizou os lucros e contribuiu para quebrar o círculo virtuoso anterior. Por fim, as estratégias de liberalização fortalecem a concorrência em escala internacional e interna, o que nos faz voltar aos determinantes do investimento: o lucro, mais ainda que a procura doméstica oriunda dos assalariados, já que as economias nacionais abriram-se inicialmente para o comércio internacional e depois para os fluxos de capitais. Daí advém uma forte diminuição do crescimento e dos encadeamentos conjunturais, rompendo com os trinta anos gloriosos e recorrendo a intervenções sistemáticas dos poderes públicos, com vistas não somente a controlar uma instabilidade recorrente, mas principalmente a reformar as instituições herdadas do pós-guerra.

Conclusão: o fordismo, conceito importante mas não exclusivo

A presente perspectiva possibilita compreender o papel atribuído ao fordismo pela teoria da regulação. Essa noção permite também que se apresente um período que parecia mais e mais excepcional tanto em termos de rapidez e estabilidade do crescimento quanto em termos de progressão do nível de vida. Faz parte da ruptura com relação à história de período longo, opondo-se aos desempenhos medíocres das décadas de 1980 e 1990 e fortalecendo o diagnóstico sobre a singularidade desse regime de acumulação — que tornou possível, de fato, conciliar margem elevada e estabilidade do lucro com progressão da renda dos assalariados e combinar eficiência dinâmica e diminuição das desigualdades, dinamismo do setor privado e ampliação das intervenções públicas.

Mas essa interpretação é apenas um dos resultados da construção teórica: antes desse regime vieram outros cujas propriedades eram diferentes; ele entra em crise em decorrência do seu próprio êxito, e uma grande parte dos esforços da teoria da regulação visava, desde então, a diagnosticar quais poderiam ser seus sucessores. Por fim, como mencionamos na Introdução, é a observação da crise do fordismo que provocou o surgimento dessa problemática da regulação — o que nos convida a um balanço dos resultados a respeito da análise das crises.

4

TEORIA DAS CRISES

Este capítulo propõe uma análise mais sistemática da definição, da origem e do desenrolar das crises, tema já abordado nos capítulos anteriores. Na realidade, os conceitos da teoria da regulação foram elaborados a fim de darem conta tanto dos fatores referentes à *existência* de um modo de regulação e de um regime de acumulação quanto dos fatores que contribuem para sua *desestabilização*. A construção é amplamente original com relação às teorias macroeconômicas contemporâneas. Não se trata tampouco da simples repetição dos trabalhos de história econômica, ainda que se inspire na Escola dos Anais. A evidência da *variedade das formas* que as crises assumem não representa um obstáculo à explicação de um pequeno número de *mecanismos básicos* que levam às crises, que, por sua vez, num certo nível de abstração, são dotadas de invariância.

Dialética crescimento/crise

Insistir sobre as condições de uma acumulação viável leva a interessar-se simultaneamente pelos fatores de desestabilização dos regimes de acumulação. Fiel à sua filiação marxista, a teoria da regulação considera que o *perfil cíclico* da conjuntura resulta das próprias características das formas institucionais, no caso a concorrência e a relação salarial: tendência à superacumulação durante a expansão, em seguida a regressão e o ajuste dos desequilíbrios surgidos durante a fase de recessão, depressão ou crise.

Concepção geral

Assim, é novamente fundamental a referência à noção de modo de produção. Ela apresenta um determinante complementar da acumulação, sobretudo com relação à concorrência que opera na totalidade dos mercados: o impacto sobre a forma da relação salarial. Do mesmo modo, o crescimento não é o resultado garantido da aplicação do progresso técnico, mas a expressão da coerência de um conjunto de formas institucionais. Com relação às crises, a diferença de interpretação é ainda mais acentuada. Na maioria das teorias macroeconômicas, elas são consequência de imperfeições dos mercados ou da inadequação de políticas que visam a evitá-las. Na realidade, as crises são a própria tradução das características do modo de regulação e do regime de acumulação (*cf.* Tabela 4).

TABELA 4. COMPARAÇÃO COM A TEORIA PADRÃO

	Teoria padrão (TP)	Teoria da regulação (TR)
Concepção geral	Conjunto de mercados interdependentes	Capitalismo, um conjunto de formas institucionais
Fatores de crescimento	Progresso técnico (exógeno/endógeno)	Resultado da viabilidade (local, transitória) do regime de acumulação
Origem das crises	Imperfeições dos mercados Erro de política econômica	Expressão das tendências • do modo de regulação • do regime de acumulação

Na verdade, a contribuição para a compreensão das crises é interpretada com referência às três fontes de inspiração da teoria da regulação.

Gama completa de crises

Numa economia em que o mercado não é mais a única forma de organização das trocas, múltiplos tipos de desajustes são possíveis (*cf.* Quadro 11, pág. 108). Eles podem, à primeira vista, surgir como consequência de choques exógenos: impacto de uma crise internacional, conflito, catástrofe natural, etc. Porém, na maioria das vezes, o *perfil cíclico* de evolução das variáveis macroeconômicas é a própria expressão do modo de regulação vigente, que, em geral, possibilita reabsorver periodicamente a tendência à superacumulação. Para os historiadores e pensadores contemporâneos, isso aparece como uma crise, embora a viabilidade da economia não esteja em jogo, já que os desequilíbrios são resolvidos *no âmbito do modo de regulação*, sem transformação significativa.

Entretanto não se trata da única forma de crise. Pode acontecer, de fato, que a repetição dos ciclos da acumulação acarrete uma lenta alteração dos parâmetros do regime vigente e que, em vez de corretores, os mecanismos correspondentes revelem-se desestabilizadores. Observa-se um episódio dessa natureza quando a diminuição, quiçá a suspensão da acumulação, não for suficiente para provocar uma retomada endógena. Os primeiros trabalhos regulacionistas qualificavam um episódio como esse de *grande crise* ou de *crise estrutural*.

O desenvolvimento das pesquisas tornou mais rica essa primeira distinção. É de fato útil diferenciar *crise do modo de regulação* e *crise do regime de acumulação*. No primeiro caso, os encadeamentos conjunturais podem ser desfavoráveis, mas o regime de acumulação permanece viável. Porém, no segundo caso, é o próprio princípio de regime de acumulação que está em jogo. Trata-se de um nível de gravidade bem mais alto. Por fim, em decorrência do fracasso da recomposição das formas institucionais, são possivelmente as próprias relações sociais fundamentais do

Quadro 11. Cinco formas de crise no âmbito de uma mesma configuração institucional

A teoria da regulação distingue cinco tipos de crise, classificadas por ordem crescente de gravidade, no sentido de terem relação com formas institucionais cada vez mais essenciais.

1. Crise como perturbação externa

Episódio em que a busca pela reprodução econômica de uma dada entidade geográfica encontra-se bloqueada em decorrência ou de penúrias ligadas a catástrofes naturais ou climáticas, ou de colapsos econômicos cuja origem é externa, no contexto internacional em especial ou, finalmente, em decorrência de guerras.

2. Crise endógena ou cíclica, expressão do modo de regulação

Fase de reabsorção das tensões e desequilíbrios acumulados durante a expansão, no próprio âmbito dos mecanismos econômicos e das regularidades sociais, portanto, do modo de regulação que prevalece em um dado país e em uma época determinada. Nesse sentido, a sucessão de fases favoráveis e em seguida desfavoráveis à acumulação é consequência direta das formas institucionais vigentes, que são pouco ou parcialmente afetadas por essas crises cíclicas.

3. Crise do modo de regulação

Episódio durante o qual os mecanismos associados ao *modo de regulação* vigente revelam-se incapazes de reverter os encadeamentos conjunturais desfavoráveis, enquanto, pelo menos inicialmente, o *regime de acumulação* for viável.

4. Crise do regime de acumulação

É definida quando se atingem os limites e o aumento das contradições no âmbito das formas institucionais mais essenciais, isto é, as que condicionam o *regime de acumulação*. Implica a prazo a crise da regulação e portanto do modo de desenvolvimento como um todo.

5. Crise do modo de produção

Colapso do conjunto das relações sociais nos aspectos em que são inerentes ao *modo de produção*. Em outras palavras, a chegada aos limites de uma configuração das formas institucionais precipita o questionamento e a abolição das relações sociais vigentes naquilo que elas têm de mais fundamental.

modo de produção que estão em jogo. Pode-se então falar de *crise do modo de produção*.

Essa tipologia, que se depreende da arquitetura dos conceitos básicos da teoria da regulação, pode parecer abstrata. Na verdade, uma concepção semelhante está implícita em muitos trabalhos de história econômina inspirados pela Escola dos Anais. A partir dos anos 1970, a recorrência das crises tende a mostrar a importância das diferenciações propostas pela teoria da regulação.

Quadro de leitura da história das crises

Cada um desses tipos foi observado no passado, e a tipologia ajuda a esclarecer as crises contemporâneas (*cf.* Tabela 5).

TABELA 5. EMPREGO DA TAXONOMIA DAS CRISES

Tipo	Na história	Período contemporâneo
1. Choque aparentemente exógeno	Crise de abastecimento	Choques do petróleo de 1973 e 1979; primeira e segunda guerras do Iraque
2. Crise como parte da regulação	Ciclo dos negócios do século XIX	*Stop-and-go* da regulação monopolista
3. Crise da regulação	Ciclo não reprodutivo: 1929-1932, EUA	Aceleração da inflação e reivindicação de indexação nos anos 1960
4. Crise do regime de acumulação	Acumulação intensiva sem consumo de massa	Crise japonesa dos anos 1990; crise asiática de 1997
5. Crise do modo de produção	Crise do feudalismo	Colapso da economia soviética

Choques sempre presentes — Nas economias contemporâneas, o equivalente dos choques que representavam os riscos climáticos está relacionado às perturbações que a economia internacional veicula em termos de preços de matérias-primas (em especial o petróleo), taxas de juro e evolução brusca das taxas de câmbio. As *crises de primeiro tipo* continuam, mas seu impacto varia de acordo com os modos de regulação verificados em cada país. Note-se que a sequência dos *choques do petróleo* a partir de 1973 não acarretou uma repetição idêntica das mesmas recessões, pois a intensidade do consumo energético em geral se reduziu e a regulação administrada transformou-se amplamente com o acirramento da concorrência.

Stop-and-go, expressão da regulação do fordismo — Na falta desses choques "vindos de fora", a acumulação é um fator da dinâmica econômica que faz com que se alternem expansão e recessão no próprio cerne do modo de regulação. O período dos trinta anos gloriosos não ficou de fora desse movimento, que, na verdade, teve consequências sobre a condução da política econômica, tradicionalmente marcada pela sucessão de fases de retomada e em seguida de estabilização, o *stop-and-go*. As pulsações da acumulação assumem, portanto, uma forma diferente da que tinham na regulação concorrencial sob a forma do ciclo dos negócios. Em ambos os casos, trata-se de uma *crise na regulação*, isto é, que pode ser solucionada sem alteração das formas institucionais e sem intervenção política excepcional.

Ciclos não "reprodutivos" enquanto crises do modo de regulação — No entanto há situações históricas durante as quais a dinâmica do modo de regulação é incapaz de criar, de maneira endógena, uma mudança da recessão para a retomada. Trata-se, por exemplo, da interpretação que os economistas da *Social Structure of Accumulation* fazem da depressão norte-americana de 1929-1932 [Bowles, Gordon e Weiskopf, 1986]. Eles a qualificam de ciclo não reprodutivo, pois a queda da atividade, longe de tornar a levantar os lucros, os reduz ainda mais, de modo que não há nenhuma retomada endógena. É uma *crise do modo de regulação*, no caso concorrencial. *Mutatis mutandis*, é o que se observa posteriormente com relação à regulação monopolista: a inflação, expressão das tensões da acumulação, tende a se acelerar, aumentando as reivindicações em prol da indexação da quase totalidade dos rendimentos pela inflação [Boyer e Mistral, 1982]. Para além de certo patamar, a inflação perde sua capacidade reguladora, abrindo uma crise no modo de regulação.

1929 e a crise do fordismo: crises do regime de acumulação — Pode ser que essa crise comprometa a viabilidade do regime de acumulação. Trata-se, de fato, do que foi observado no período contemporâneo, como nos EUA pós-1929. No primeiro caso, a incapacidade de descobrir uma configuração institucional adequada resulta na crise do fordismo. No segundo caso, reencontra-se a incoerência de um regime de acumulação intensiva sem consumo de massa. Ambas as situações já foram analisadas no Capítulo 3 (*cf*. Figura 10, pág. 102). Teoricamente, uma *crise do regime de acumulação* tem um alcance maior do que uma crise do modo de regulação. Na prática, e os dois exemplos precedentes ilustram isso, a não resolução de uma crise do modo de regulação pode acarretar uma crise do regime de acumulação.

Grande crise do modo de produção soviético — Por fim, diante do bloqueio, inclusive político, da renegociação dos compromissos institucionalizados, pode acontecer de uma crise do modo de desenvolvimento resultar numa reviravolta decisiva não somente da configuração precisa das formas institucionais, mas das próprias relações sociais fundamentais das quais elas são a expressão. A crise do feudalismo, tal como Ernest Labrousse a analisou, encontra uma notável e surpreendente correspondência na derrocada das economias de tipo soviético: na falta de êxito das reformas empreendidas pelo então presidente Gorbachev, os dois pilares desse regime são questionados: em primeiro lugar, a propriedade coletiva dos meios de produção e a gestão da economia pelo Gosplan, em seguida, a representação política única pelo Partido Comunista. Pode-se então falar de *crise do modo de produção*.

Para a teoria da regulação, é portanto fundamental diferenciar esses cinco tipos de crise, pois essa distinção elucida as crises observadas tanto ao longo da história quanto no mundo contemporâneo. Além disso, o acúmulo de pesquisas sobre as crises levou à descoberta de certo número de mecanismos gerais que lhes dão origem.

Esgotamento endógeno do modo de desenvolvimento

No interior de um modo de regulação, o processo de acumulação é marcado por uma sequência de fases de aceleração e em seguida de regressão, mas a retomada da acumulação é garantida pela própria dinâmica dos ajustes, cumpridos graças às formas institucionais. Entretanto, à medida que esses ciclos se sucedem, várias mudanças ocorrem nesses processos de ajuste em razão do próprio sucesso do modo de regulação.

Crise do fordismo

É assim que se interpreta a crise desse regime. Quanto à crise dos anos 1930, ela deve-se principalmente à incoerência de um regime de acumulação intensiva sem consumo de massa, o que explica sua virulência. Trata-se de um mecanismo bem diferente que colocou o fordismo em crise, regime coerente por várias décadas graças a uma *regulação monopolista*. Na realidade, a acumulação de transformações marginais vai fragilizar esse regime a ponto de desequilibrá-lo, nesse caso em resposta a choques aparentemente exógenos (forte aumento do preço do petróleo).

A partir de meados dos anos 1950, o crescimento prossegue em ritmo elevado, afasta-se o temor da repetição da grande depressão dos anos 1930 já que agora verificam-se somente recessões, isto é, simples desacelerações do crescimento. Mas à medida que o sucesso desse modo de regulação é reconhecido, lentas mudanças estruturais acontecem, inicialmente consideradas marginais e sem consequência maior, mas cuja somatória pode desequilibrar a viabilidade do modo de regulação. Como esse modo de regulação tem a característica de tornar a inflação uma variável-chave do ajuste macroeconômico, não é surpreendente que se generalizem as reivindicações em prol da indexação dos preços e dos salários por um índice geral, por exemplo, o dos preços ao consumidor. Mas a partir do momento em que a indexação é completa e quase instantânea, a inflação perde todo poder regulador [Boyer e Mistral, 1982]. A aceleração da inflação resultante desse processo pode até comprometer a estabilidade do sistema monetário e financeiro.

Um segundo fator de crise está ligado ao fato de que as negociações salariais prenunciam a busca por ganhos de produtividade conseguidos no passado, enquanto mecanismos diversos tendem a frear sua progressão. A economia pode, à primeira vista, chocar-se com as limitações propriamente técnicas do paradigma da produção de massa [Boyer e Juillard, 2002]. Ademais, com o advento do pleno emprego, os custos de controle sobem a fim de compensar a diminuição da intensidade do trabalho [Bowles, Gordon e Weiskopf, 1986]. São fatores que podem acabar comprometendo a viabilidade do regime de acumulação fordista. Trata-se efetivamente do que foi observado a partir do fim dos anos

1960. A introdução dessas mudanças progressivas nos parâmetros característicos do modo de regulação é suscetível de explicar a oscilação da viabilidade em direção à instabilidade do regime de acumulação (*cf.* Figura 10, pág. 102).

Endometabolismo: formalização

Em conformidade com o objetivo central da teoria da regulação, é importante estudar no mesmo contexto de análise tanto os períodos de crescimento quanto os de crise.

Duas escalas de tempo — Trata-se precisamente do que possibilitam as formalizações que diferenciam duas escalas de tempo: o tempo curto dos ajustes compreendidos pelo modo de regulação e o tempo longo da transformação das formas institucionais e da tecnologia [Lordon, 1996]. Em termos de hipóteses econômicas, considera-se que a ideia segundo a qual a diferenciação dos produtos ligados ao enriquecimento consecutivo à expansão do fordismo afeta a produtividade de acordo com uma função logística: à primeira vista fácil, a diferenciação torna-se mais e mais difícil até esbarrar em um limite que diz respeito à progressão da produtividade. Segunda hipótese: é importante levar em consideração o perfil cíclico de evolução da economia tão logo se diferenciem as diversas escalas de tempo. Por fim, acrescenta-se a essa dinâmica de curto prazo uma dinâmica lenta: à medida que cresce a renda, aumenta a procura por diferenciação, e isso se manifesta numa dificuldade crescente de extrair ganhos de produtividade (*cf.* Quadro 12).

Crise como descontinuidade — As propriedades de curto prazo são claramente as mesmas do modelo linearizado (*cf.* Quadro 8, pág. 92): crescimento forte e estável, porém cíclico. No entanto, a longo prazo, a não linearidade da produção

QUADRO 12. IMPACTO DA DIFERENCIAÇÃO DOS PRODUTOS NA DINÂMICA PRODUTIVA E CRISE DO FORDISMO

A. Dinâmica de curto prazo

(1) $\overset{\circ}{P_R} = f(\overset{\circ}{Q}, \beta)$ A produtividade é uma função logística
(2) $\overset{\circ}{Q} = C \cdot \overset{\circ}{P_R} + D$ A procura varia linearmente com a produtividade

B. Transformação a longo prazo do regime de produtividade

(3) $N(t) = \Omega\left[\bar{R}(t)\right] \quad \Omega' > 0$ O número de produto N(t) aumenta *com* a renda permanente das famílias $[\bar{R}(t)]$
(4) $\left[\bar{R}(t)\right] = \int_{-\infty}^{t} \mu(t-\tau)\left[\int_{-\infty}^{\tau} Q(s)ds\right]d\tau$ A renda permanente é uma média móvel da renda passada
(5) $\beta(t) = \Gamma\left[N(t)\right] \quad \Gamma' < 0$ A diversidade dos produtos é desfavorável à produtividade

Resulta que a dinâmica de β(t) é muito mais lenta que a dinâmica da produtividade, da renda e do crescimento, com T atraso médio na formação da renda permanente.

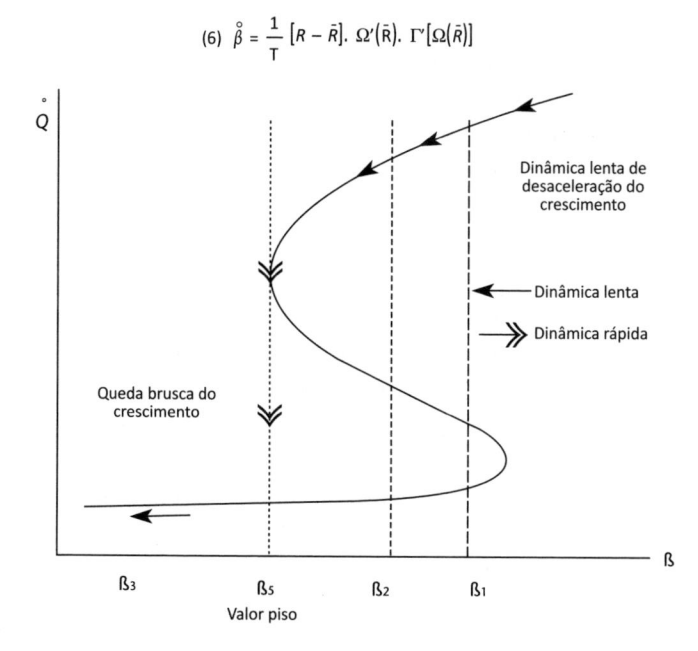

(6) $\overset{\circ}{\beta} = \frac{1}{T}[R - \bar{R}] \cdot \Omega'(\bar{R}) \cdot \Gamma'[\Omega(\bar{R})]$

Fonte: Lordon, 1996.

introduz uma dinâmica singular. Em início de período, a desaceleração da produtividade é moderada, quando o crescimento da renda estimula a diferenciação do consumo e da produção. O ritmo de crescimento diminui de maneira contínua, até que a diferenciação dos produtos atinja um patamar que comprometa as possibilidades da produção de massa. Observa-se então uma brusca defasagem do ritmo de crescimento e, consequentemente, do emprego. Dessa forma, uma série de transformações marginais e contínuas acaba acarretando uma evolução maior e brusca do ritmo de crescimento.

Para além do papel dos choques — A peculiaridade do modelo reside também em sugerir uma *irreversibilidade* na passagem de um forte crescimento para um crescimento fraco. Supondo-se que, sob o efeito da crise e da desaceleração da renda, a diferenciação regrida, e a economia não reencontrará seu ritmo de crescimento elevado. Em termos qualitativos, as características do modelo correspondem à observação da virulência das mudanças advindas da crise do fordismo. São mudanças associadas à intensidade do aumento do preço do petróleo, e esse fator, evidentemente, desempenhou um papel preponderante. O interesse do modelo é mostrar que, mesmo diante da falta de qualquer choque externo, as tendências de desaceleração da produtividade teriam sido suficientes para criar uma crise puramente endógena desse modo de desenvolvimento. Essa análise não pretende abarcar a realidade dos encadeamentos da crise do fordismo, mas tornar clara uma propriedade bastante geral: o próprio sucesso de um modo de desenvolvimento suscita uma série de transformações estruturais que o acaba desestabilizando.

Propriedade geral

A história e as comparações internacionais fornecem inúmeros exemplos do advento da crise de um regime no momento em que a maioria dos atores econômicos preveem o prolongamento das tendências (favoráveis) em razão do próprio sucesso conseguido durante ciclos conjunturais precedentes.

O modelo japonês: vítima do próprio sucesso — A evolução da *economia japonesa* a partir dos anos 1970 é outro exemplo do advento da crise de um modo de desenvolvimento em razão do seu próprio sucesso: um modo de regulação mesocorporatista tinha garantido o surgimento de um modelo de desenvolvimento caracterizado pela sincronização da produção e do consumo de massa [Boyer e Yamada, 2000].

No contexto internacional dos anos 1980, essa configuração tinha dado notáveis resultados macroeconômicos, a ponto de alimentar a crença de que o modelo seria o sucessor do fordismo em crise. Efetivamente, as formas institucionais do Japão são singulares. A relação salarial *companyista* pressupõe uma estabilidade na relação de emprego, compensada por uma flexibilidade dos horários e da remuneração. Conglomerados diversificadíssimos, os *keiretsus* entregam-se a uma concorrência oligopolística, ao mesmo tempo que coordenam em parte suas estratégias de médio e longo prazo. Mais do que intervir diretamente na produção ou na redistribuição da renda, o Estado sincroniza as previsões dos agentes econômicos. Eis as características que alimentaram o crescimento e fortaleceram o quase pleno emprego. Porém, à medida que se prolonga a fase de expansão, surgem grandes tensões na relação salarial, em decorrência do aumento da duração do trabalho e da intensidade do esforço exigido dos assalariados. Dessa forma, uma das vantagens competitivas do Japão corrompe-se com o passar do tempo.

Esse mecanismo equivale ao que foi anteriormente mencionado a respeito da crise do modelo produtivo característico do fordismo. Outra analogia está ligada ao fato de esse não ser o fator imediato que desencadeou a crise japonesa: a crise deve-se, na verdade, a uma outra consequência do sucesso do "modelo japonês". Como o Japão acumula excedentes comerciais, o país é obrigado a se abrir não somente às importações, mas mais ainda às finanças. As reformas correspondentes, especialmente em matéria de liberalização financeira, desencadeiam um *boom* econômico puxado por uma bolha especulativa. É a explosão dessa bolha que marca o advento da crise, da desaceleração duradoura do crescimento e do aumento do desemprego.

O fato de nenhuma das políticas de retomada pela despesa pública ou pela política monetária com taxas de juro próximas de zero ter conseguido reviver os desempenhos dos anos 1980 ilustra o advento da crise do modo de regulação e, finalmente, do próprio regime de acumulação. O que a maior parte das outras teorias interpreta como consequência de erros da política econômica ou de anacronismos da economia japonesa pode ser analisado mais como a chegada ao limite do modo de desenvolvimento, para além dos choques e dos sobressaltos que são os fatores de desencadeamento da crise.

Crise da estratégia de substituição das importações — As economias *latinoamericanas*, em sua maioria, tinham baseado seu desenvolvimento numa estratégia de substituição das importações: graças ao controle do comércio exterior, a produção progressiva, pelas empresas nacionais, de bens e produtos anteriormente importados era favorecida [Ominami, 1986]. Esse modo de desenvolvimento possibilitou, nos anos 1950 e 1960, um crescimento mais rápido em comparação ao que ocorria no passado, atenuando a dependência das economias latino-americanas com relação à conjuntura internacional. Entretanto, conforme a substituição das importações dizia respeito a bens mais e mais intensivos em matéria de tecnologia ou mobilizando rendimentos de escala, a eficácia dessa estratégia erodiu-se, pois o tamanho do mercado interno pareceu muito limitado e as perspectivas de recuperação, comprometidas pelo advento de uma nova onda tecnológica em escala mundial. Essas limitações precipitaram crises financeiras, econômicas e até políticas. Contrariamente à interpretação que prevaleceu nos anos 1990, essas crises repetidas não são oriundas da incoerência da não validade desse modelo de desenvolvimento, mas sim da chegada ao limite desse modelo, em decorrência, novamente, do seu próprio sucesso [Boyer, 2002b].

A acumulação tende a exceder o espaço da regulação

Esse é o segundo mecanismo que dá origem a várias crises do regime de acumulação.

Desde as origens do capitalismo

Desde o surgimento do capitalismo comercial, as trocas tendem a se deslocar para além do espaço doméstico, já constituindo uma economia mundial [Wallerstein, 1978]. Tal tendência de extroversão da acumulação manifesta-se também ao longo da primeira revolução industrial e do regime de acumulação com dominante extensiva do século XIX. O aumento da produção em virtude do desenvolvimento das formas capitalistas ultrapassa a capacidade de absorção dos mercados internos, impulsionando, consequentemente, o aumento das exportações para regiões e países menos desenvolvidos. É esse, inclusive, o mecanismo que vai criar interdependências inéditas entre formas institucionais internas e regime internacional e, em consequência, transmitir as crises do capitalismo de um país para outro. Essa interdependência não é resultado apenas do comércio internacional, já que o investimento produtivo e o capital financeiro tendem em seguida também a se internacionalizar. Quando estendemos as análises do nível nacional ao nível do conjunto da economia mundial, o que era anteriormente analisado como um choque exógeno torna-se, de fato, a expressão da interdependência entre países, criada pela internacionalização do comércio, da produção, do investimento e das finanças.

Fordismo desestabilizado pela internacionalização

O fordismo não é exceção: se, originalmente, ele opera graças à sincronização da produção e do consumo de massa num espaço essencialmente nacional, põe também em marcha um processo de extroversão. Efetivamente, quando as infraestruturas e os investimentos básicos são reconstituídos, a busca pelos rendimentos de escala não pode mais se dar unicamente no mercado interno, de modo que o desenvolvimento das exportações é o meio encontrado para prolongar as potencialidades do regime de produtividade baseadas nos rendimentos crescentes. Além disso, com o enriquecimento, a demanda de diferenciação constitui um segundo fator de impulsão das trocas internacionais.

O regime de procura é afetado por esse processo já que, ao consumo dos assalariados e ao investimento das empresas, é preciso acrescentar as exportações líquidas. As exportações dependem do crescimento mundial e do preço relativo dos produtos nacionais com relação à concorrência internacional. Já as importações atendem ao crescimento interno e aos preços relativos. Assim, à medida que aumenta a parcela relativa ao comércio internacional, um termo representativo da competitividade — diretamente ligado à parcela relativa ao lucro — é introduzido no regime de procura [Bowles e Boyer, 1990].

Enquanto predominar o ciclo fordiano, o impacto do salário real sobre a procura será moderadamente positivo: trata-se de uma característica tão importante quanto surpreendente da regulação monopolista. Mas há um patamar de abertura internacional a partir do qual se inverte o impacto do aumento exógeno do salário

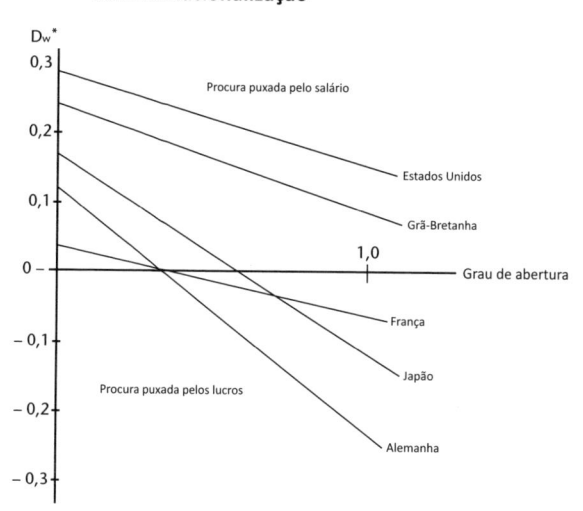

Figura 11. **Inconstância do regime de procura em consequência da internacionalização**

[Gráfico: D_w^* em ordenadas, Grau de abertura em abscissas. Procura puxada pelo salário (parte superior); Procura puxada pelos lucros (parte inferior). Curvas: Estados Unidos, Grã-Bretanha, França, Japão, Alemanha.]

* Em ordenadas, Dw representa a derivada da procura com relação ao salário real.
O período de estimativa do modelo é de 1961-1987.
Fonte: Bowles e Boyer, 1995.

real: em vez de positivo, torna-se negativo. Algumas estimativas econométricas sugerem que as economias alemã e francesa teriam ultrapassado esse patamar nos anos 1980 (*cf.* Figura 11).

Dessa forma, a aberturta ao comércio internacional, que desempenha à primeira vista um papel positivo no prolongamento do regime de produtividade, acaba alterando o regime de procura, acarretando regularidades macroeconômicas diferentes das do fordismo. Eis outro exemplo de crise que resulta de uma forma de endometabolismo.

As trocas entre países desenvolvidos tendem assim a operar no âmbito de uma mesma ramificação, por diferenciação de produtos. Elas não resultam mais apenas das especializações nacionais em ramificações diferentes, o que era a configuração típica do século XIX e é, ainda hoje, o caso com relação a várias relações Norte/Sul.

Economias dependentes: a crise dos modos de desenvolvimento puxados pelas exportações

A dupla generalização do modelo (*cf.* Quadro 10, pág. 100), com vistas a considerar a possibilidade de um regime clássico — isto é, no qual a procura é puxada pelos lucros — e a abertura internacional — que torna possível um regime ligado à competitividade —, possibilita dar conta das particularidades das crises das economias ditas dependentes.

Nos antípodas do fordismo — Efetivamente, nenhuma dessas três condições permissivas do regime é atendida.

Em primeiro lugar, a evolução da produtividade depende fundamentalmente das importações e da adaptação das tecnologias incorporadas aos equipamentos e bens intermediários produzidos pelas economias mais avançadas. Esses ganhos potenciais são mobilizados de maneira mais satisfatória, pois as tecnologias correspondentes são usadas pelo setor exportador, quer se trate de um investimento exterior direto ou de uma empresa nacional.

Em segundo lugar, o regime de procura é afetado pela inserção internacional, já que o salário contribui sobretudo para a formação da competitividade e não somente da procura doméstica. Potencialmente, essa abertura tem como consequência desconectar o ciclo da acumulação com relação ao espaço doméstico, segunda oposição referente ao regime de acumulação fordista.

Por fim, a fragilidade da institucionalização da relação salarial leva ao predomínio de mecanismos competitivos em matéria de formação dos salários [Bertoldi, 1989; Boyer, 1994].

É então possível explicitar as condições nas quais um regime de acumulação puxado pelas exportações é efetivamente viável. É preciso que a economia seja suficientemente aberta e que a elasticidade dos preços seja superior a um certo patamar para que tenha início de maneira efetiva o mecanismo virtuoso que associa crescimento da produtividade, distribuição da renda e crescimento da procura interna. A existência de um vasto exército de reserva, que estabilize o salário real a despeito do dinamismo da economia, é uma condição favorável ao surgimento de um modelo como esse. O crescimento chinês dos últimos vinte anos parece seguir essa trajetória, até agora virtuosa, mas que não está desprovida de tensões e fatores de crise [Hochraich, 2002].

Duas formas peculiares de crise — No entanto, duas outras configurações mostram evoluções muito menos satisfatórias. Realmente, pode ser que em razão do caráter demasiadamente competitivo dos salários, o regime de produtividade associe-se com o regime de procura para originar um crescimento caracterizado pela desaceleração da produtividade, tão logo um forte crescimento dos salários hipoteque os lucros e a competitividade do setor exportador. Essa configuração remete à crise da economia da Coreia do Sul de meados dos anos 1980.

O caso mais desvaforável é observado quando a formação dos salários for competitiva, e o país, pouco aberto e/ou dotado de uma fraca elasticidade em suas exportações. Na realidade, a disciplina dos salários penaliza a procura interna em vez de incrementar as exportações, frequentemente limitadas a mercadorias com relação às quais o país está sujeito aos preços internacionais. Esse regime poderia caracterizar vários países da América Latina, já que, inclusive, são dependentes da exportação de matérias-primas e não de produtos industrializados. Esses países caracterizam-se por um regime estagnacionista e/ou por uma instabilidade estrutural.

Diferenças marcantes entre a Ásia e a América Latina — Introduzem-se assim fatores de bloqueio e de crises inerentes às economias dependentes. Ou a economia não consegue recuperar rapidamente a defasagem de produtividade com relação à economia mundial, ou o caráter competitivo da relação salarial revela-se incompatível com a mobilização dos rendimentos de escala que a recuperação tecnológica possibilita. Encontramos, assim, duas formas que a crise de diversas economias dependentes apresenta, sugerindo, portanto, uma divergência do ritmo de crescimento com relação às exigências da produção das formas institucionais. Esse parece ser o caso em muitos países latinoamericanos. Ou uma rápida expansão consecutiva à abertura internacional resulta em uma crise maior, como foi o caso da Ásia pós-1997.

A peculiaridade das crises dos países dependentes deve-se, pois, ao fato de que seu regime de acumulação não é de forma alguma uma variante do fordismo. A especificidade desses países vê-se reforçada quando se observa sua forte assimetria com relação à intermediação financeira internacional, de modo que as crises de câmbio são frequentemente associadas às crises bancárias [Boyer, Dehove e Plihon, 2004].

Essas fontes de crise se juntam àquelas que dizem respeito à não viabilidade de alguns regimes de acumulação. A Argentina constitui um caso exemplar da superposição dessas diferentes fontes de crise [Miotti e Quenan, 2004] (*cf.* Quadro 13).

Liberalização financeira, fator de desestabilização dos regimes de acumulação

A possibilidade de um modo de regulação dominado pela finança de mercado já foi mencionada como possível sucessor da regulação monopolista. De maneira clara, a preeminência da finança envolve uma configuração das formas institucionais bem diferente das formas observadas no fordismo [Aglietta, 1998]. Para além da aparente coerência do discurso sobre o valor acionário, é importante examinar a viabilidade e a generalidade de tal regime.

QUADRO 13. A CRISE ARGENTINA DE 2001-2002

A particularidade da trajetória argentina suscitou numerosas pesquisas cuja síntese pode ser encontrada em Neffa e Boyer, 2004. A tipologia das crises (*cf.* Quadro 11, pág. 108) aplica-se particularemente bem à dinâmica dos anos 1990, que resulta numa crise financeira, política, social e econômica.

Há, em primeiro lugar, uma série de *choques desvaforáveis*; a Argentina sofre o contágio das crises mexicana (1994-1995), asiática (1997), russa (1998) e a desvalorização do Brasil (1999), importante parceiro comercial do país.

Esses choques, em si, não bastam para explicar uma crise de tal gravidade. É preciso levar em conta as características do *modo de regulação*, resultado da transformação das formas institucionais engendrada pela escolha de uma conversibilidade completa, e considerada irreversível, do peso com relação ao dólar. A abertura brusca ao comércio e às finanças internacionais dá início a uma fase de expansão alimentada pela abundância de crédito, associada à entrada substancial de capitais.

Quando, de maneira *endógena*, a conjuntura econômica inverte o rumo, a economia argentina não dispõe mais da autonomia de sua política monetária nem de sua política de câmbio para reabsorver os desequilíbrios anteriores. Ainda mais que, em decorrência do endividamento do governo, a política orçamentária é obrigada a se tornar prociclica. A despeito da defasagem completa do salário real com relação à produtividade, não é possível reabsorver os desequilíbrios acumulados no período de expansão. Inicia-se a partir de 1998 uma recessão que se prolongará até 2001, sinal de uma *crise do modo de regulação*.

Mas trata-se também de uma *crise do regime de acumulação*. De fato, a modernização do setor exportador, ligado, sobretudo, aos produtos agrícolas, não foi suficiente para restaurar um excedente da balança comercial que permitisse reembolsar o endividamento em dólares dos agentes privados e do próprio governo. O investimento direto dirigiu-se principalmente para o setor resguardado, no caso, os serviços públicos que foram privatizados. Essa alocação do capital hipoteca a estratégia desesperadamente perseguida desde o golpe de Estado de 1976, visando a instaurar um regime de crescimento puxado pelas exportações.

A conjunção desses fatores de crise designa uma *grande crise* ou uma *crise sistêmica* e explica a simultaneidade de uma *crise financeira* (incapacidade do governo em honrar sua dívida externa), *bancária* (fechamento dos bancos), *cambial* (fim repentino da conversibilidade) e *social* (disparada do desemprego, acentuação da pobreza e verdadeira cólera da classe média, cuja poupança foi bloqueada). A crise manifesta-se então violentamente na esfera *política* pela instabilidade governamental, pela perda de legitimidade das instituições, pela multiplicação dos movimentos populares e até por um conflito com algumas províncias, obrigadas a emitir sua própria moeda para evitar uma convulsão social.

Contornos de um regime de acumulação alavancado pela finança

A observação da economia norte-americana desde os anos 1980, marcada pela liberalização e pela inovação financeiras, evidencia o caráter central da avaliação das bolsas como indicador macroeconômico-chave que determina tanto o investimento quanto o consumo via efeitos de riqueza. A dinâmica que vai do lucro ao curso das bolsas e vice-versa substitui a dinâmica que ajustava produtividade e salário real, produção e consumo de massa (*cf.* Figura 12, pág. 128).

Em comparação com o fordismo, esse regime atribui um papel determinante às variáveis de estoque relativas às finanças e ao impacto dos rendimentos financeiros sobre as decisões patrimoniais (*cf.* Quadro 14). De modo geral, o investimento deve levar em conta o objetivo de rentabilidade fixado pelo mercado financeiro e não somente as variações da procura. O consumo continua a depender da renda salarial, mas, além disso, interpõe-se um termo que mede o valor dos ativos em bolsa detidos pelas famílias.

Esse valor deve ser capaz de se formar em função da atualização dos lucros futuros, graças a uma taxa de desconto fixada a partir da taxa de intervenção do banco central. Essa função de consumo apresenta características kaleckianas quando o patrimônio financeiro for pequeno em relação à renda salarial: o consumo aumenta com o salário. Contudo, se a financeirização for muito desenvolvida, será a moderação salarial que, ao favorecer a rentabilidade, aumenta o valor em bolsa, o que, em última análise, pode fortalecer o consumo pelo jogo do efeito de riqueza. Na realidade, os efeitos de riqueza ocorrem pela facilidade de acesso ao crédito, o que não é levado em consideração nesta formalização simplificada, porém está presente no esquema da Figura 12.

Quadro 14. Regime governado pela finança

(1) $D = C + I$ — Economia fechada sem Estado nem trocas externas.

(2) $I = aK_{-1} \cdot (r - \rho) + b \cdot (D - D_{-1}) + i_0$ — O investimento forma-se em função da diferença da rentabilidade com relação à norma financeira e um termo da aceleração da procura.

(3) $C = \alpha \cdot MSR + \beta \cdot W + co$ — O consumo é determinado em função da massa salarial real e da riqueza das famílias.

[FORMAÇÃO DA DEMANDA]

(4) $K = K_{-1} \cdot (1 - \delta) + I$ — O estoque de capital evolui em função do índice de obsolecência e do investimento.

(5) $\bar{Q} = v \cdot K$ — A capacidade de produção deteriora-se em função do estoque de capital.

(6) $Q = \text{Inf}\,(\bar{Q}, D)$ — O nível da produção é determinado pelo lado curto, seja a capacidade, seja a procura efetiva.

[INTERAÇÃO OFERTA/PROCURA]

(7) $r = \dfrac{Q - MSR}{K_{-1}}$ — A taxa de lucro forma-se a partir do excedente bruto trazido para o estoque de capital.

(8) $W = q \cdot \dfrac{Q - MSR}{i}$ — A riqueza é avaliada a partir dos lucros, tendo em consideração a taxa de juro e o q de Tobin.

(9) $MSR = f \cdot Q - e \cdot \rho + wo$ — A massa salarial real cresce com a procura, mas diminui com a norma financeira.

[DISTRIBUIÇÃO DA RENDA]

(10) $\rho = \bar{\rho}$ — A norma de rentabilidade é determinada pelos mercados financeiros.

(11) $q = \bar{q}$ — O q de Tobin é considerado exógeno.

(12) $i = jo + \psi \left(\dfrac{W}{Q} - r^* \right)$ — A instituição emissora determina a taxa de juros a fim de evitar a formação de bolhas financeiras.

(13) $r^* = (Q, \psi)$ — A relação riqueza/renda é função do nível de desenvolvimento e de uma variável discricionária avaliada pela instituição emissora.

[VARIÁVEIS FINANCEIRAS E MONETÁRIAS]

VARIÁVEIS ENDÓGENAS (11):
 $D, C, I, r, MSR, W, K, \bar{Q}, Q, i, r^*$
VARIÁVEIS EXÓGENAS (2):
 $\bar{\rho}, \bar{q}$
Todos os parâmetros, a, b, α, β, v, δ, f, e, ψ, são positivos ou nulos.

Pode-se assim iniciar um ciclo virtuoso: o aumento da rentabilidade financeira estimula as bolsas, motivando um aumento do consumo, que, por sua vez, estimula o investimento e compensa o efeito *a priori* negativo da elevação das normas de rendimento. O nível da produção é, portanto, consequência da avaliação financeira, o que inverte as relações entre esfera real e esfera financeira que prevaleciam no fordismo.

Figura 12. **Encadeamentos do regime determinado pela finança**

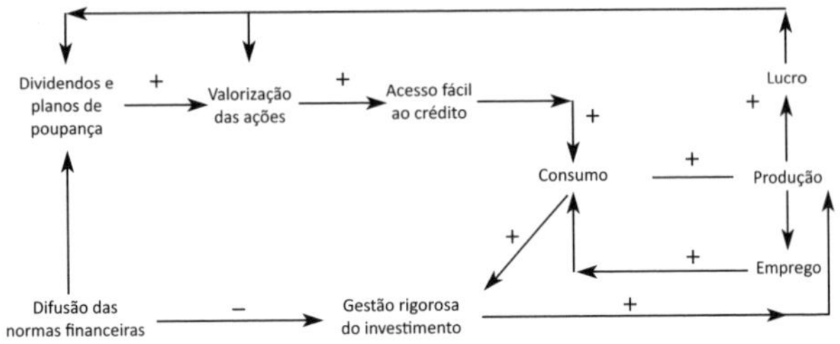

```
Dividendos e    +    Valorização    +    Acesso fácil                              Lucro
planos de       →    das ações      →    ao crédito        +              +          ↑
poupança                                                                              
                                                           +
                                                      Consumo  ─────────── Produção
                                                   +  ╱                              ↓
                                                  ╱              +         Emprego
Difusão das     −    Gestão rigorosa                             +
normas financeiras → do investimento
```

Um regime que pode ser viável, mas, no futuro, castigado por instabilidades

A priori, poder-se-ia temer que tal regime, baseado no otimismo das previsões, não conseguisse jamais se estabelecer. E, contudo, uma vez observada uma fase de expansão incitada pela finança — como foi o caso nos EUA nos anos 1990 —, os analistas puderam concluir que a maleabilidade da finança conseguiu eliminar qualquer risco de crise. A resolução desse modelo desmente essas duas instituições, já que mostra tanto as potencialidades quanto as limitações desse regime.

Em primeiro lugar, quando os efeitos patrimoniais forem muito vigorosos, e se os mercados financeiros induzirem a uma generalização do comportamento de investimento significativamente determinado pela rentabilidade, poderá então haver um *regime virtuoso de crescimento financeirizado*. Nesse regime, um aumento da norma de rentabilidade tem consequências na riqueza das famílias tal como é considerado pelo mercado da bolsa de valores, o que induz a um crescimento do consumo. Se as empresas forem suficientemente reativas à procura, esse efeito de aceleração tem um impacto positivo sobre o investimento, podendo até compensar o efeito restritivo de um aumento da norma de rentabilidade exigida pela comunidade financeira. *Mutatis mutandis*, esse regime é um sucessor potencial do modelo de desenvolvimento fordista, com a dinâmica da bolsa de valores substituindo o salário como fonte de crescimento cumulativo. É a mutação da hierarquia das formas institucionais em benefício do regime financeiro que está no cerne desse regime.

Muita flexibilidade salarial prejudica — Porém, sua viabilidade pressupõe que algumas condições sejam atendidas. Em especial, é preciso que *a relação salarial não seja demasiadamente competitiva*, isto é, que a remuneração real dos salários não seja condicionada de maneira determinante pela evolução da procura. Efetivamente, flexibilidade salarial em demasia faz mal à estabilidade macroeconômica. Entretanto, a mutação da hierarquia institucional, reflexo em si da perda do poder de negociação dos assalariados, é o germe do restabelecimento de fatores competitivos na formação dos salários. Um fator de crise, portanto, é introduzido tão logo a financeirização for associada a uma desregulamentação acentuada do trabalho e da cobertura social.

Crise por endometabolismo — Em segundo lugar, o desenvolvimento dos mercados financeiros amplia mecanicamente a área do regime determinado pela finança, mas, ao mesmo tempo, aproxima a economia da zona de instabilidade estrutural. Existe, portanto, *um patamar a partir do qual a financeirização desestabiliza o equilíbrio macroeconômico*. Trata-se de uma reinterpretação geral das crises no cerne da teoria da regulação.

De fato, imaginou-se os mercados perfeitos, de modo que esse tipo de crise não é a expressão de uma imperfeição ou de uma irracionalidade no comportamento dos agentes. No caso, a transformação paulatina dos parâmetros característicos do modo de regulação, ou seja, o endometabolismo, acaba desestabilizando o regime de crescimento, ainda que os agentes o percebam como um sucesso destinado a se perpetuar. Novamente, é, em suma, o sucesso da financeirização que leva à crise do regime que ela própria impulsiona.

O banco central, guardião da estabilidade financeira — Por fim, o regime de crescimento financeirizado pressupõe uma mudança nos objetivos da política monetária. Para estabilizar esse regime de economia financeirizada, é importante que *as reações da instituição emissora sejam suficientemente rápidas* para evitar um embalo do crescimento que leve à crise. Nesse contexto, o movimento da taxa de juros é determinante para a estabilidade econômica.

Esses resultados esclarecem a conjuntura dos anos 1990 nos EUA. A calibragem do modelo mostra, de fato, que aquele país era provavelmente o único a poder se inserir num regime de crescimento financeirizado e que, consequentemente, seria o primeiro a experimentar um novo tipo de crise [Boyer, 2000b]. Da mesma maneira, fica evidente que é atribuído à política monetária um papel determinante para tentar evitar o surgimento de uma excitação financeira, e, quando isso revelase impossível, de reativar a economia por meio de uma queda rápida e radical das taxas de juros.

A trajetória surpreendente da bolha da internet — Por fim, o fato de a crise da bolha da internet não resultar em uma depressão equivalente à depressão dos 1930 nem repetir a década perdida japonesa deve-se em parte à resiliência do sistema financeiro. Tal resiliência é consequência do progresso de supervisão bancária e de algumas inovações, como a titrização. Designa-se assim o agrupamento de créditos de mesma natureza e sua conversão em obrigações e produtos derivados aplicados em mercados financeiros. O risco de crédito é assim transferido aos portadores desses ativos financeiros, o que aumenta a resiliência dos bancos, podendo acarretar futuramente uma crise financeira maior. Na realidade, participantes em pequeno número (seguradoras, empresas não financeiras, etc.) podem concentrar a maior parte do risco, ainda que não estejam cobertos por procedimentos prudenciais ou regulamentares, podendo, portanto, colocar em perigo o sistema financeiro quando ocorrer uma queda brusca do mercado, secando sua liquidez [Boyer, Dehove e Plihon, 2004]. Em consequência, as crises das bolsas se sucedem e não se parecem, pois acontecem em modos de regulação e regimes de acumulação distintos.

A finança, fator de propagação das crises

Esse regime é criador de diversas fontes de crise. Essas crises se atualizam de maneira diferente segundo o contexto institucional no qual se deu a liberalização financeira. Um dos primeiros fatores de crise deve-se à tendência de haver uma divergência entre o rendimento econômico do capital e o rendimento financeiro que alguns ativos financeiros realizam.

Exigência de rendimento excessivo — A observação de rendimentos elevados, em virtude de taxas de juro muito baixas, pode incitar os agentes econômicos a se endividarem mais do que o razoável para se beneficiar da defasagem entre a rentabilidade dos seus capitais e a taxa de juros, de acordo com um efeito de alavanca bastante presente nos anos 1990 [Plihon, 2002]. É possível assim que se generalize uma norma de rendimento sem relação com a capacidade de gênese dos lucros pela economia "real". A formalização anterior (*cf.* Quadro 14, pág. 127) mostra que existe em cada caso *um patamar para a rentabilidade exigida pelos mercados financeiros*: um nível máximo, se os efeitos da aceleração do investimento forem pequenos, e, ao contrário, um nível mínimo, se forem maiores. Há assim um limite com relação ao poder dos mercados financeiros que, se não for respeitado, trará uma série de patologias macroeconômicas (inexistência de equilíbrio ou instabilidade).

Os regimes fordianos são penalizados pela financeirização — Um segundo resultado do modelo é que não são todas as economias que têm interesse em adotar um regime de crescimento puxado pela finança. Se a financeirização ocorrer em uma *economia ainda dominada pela sociedade salarial*, isto é, em que a renda do trabalho seja o determinante fundamental do modo de consumo, então o aumento da norma de rentabilidade terá, pelo contrário, um impacto negativo.

Esse resultado possibilita interpretar a crise japonesa dos anos 1980 já que a abertura às finanças internacionais de fato deteriorou tanto os desempenhos macroeconômicos quanto os indicadores de rentabilidade e de progressão do salário real. A economia alemã dos anos 2000 encontrou também os limites da financeirização em um regime ainda marcado pela importância da relação salarial e pela *dominação da especialização industrial*.

Globalização financeira, fator de crise para as economias dependentes — Uma vez que, para muitas economias, a financeirização está associada à *abertura aos fluxos internacionais de capitais* e, em menor grau, à modernização da organização bancária interna, estabelece-se uma formidável elasticidade das fontes de financiamento, rompendo com as tendências anteriores. Consequentemente, nos anos 1990, multiplicaram-se as sequências que faziam alternar período de expansão econômica sem precedentes — visto que alavancada pela abundância de crédito — com bruscas reviravoltas induzidas por fugas de capitais. Com intensidade e gravidade variáveis, combinavam-se então crises bancárias e crises cambiais, crises imobiliárias e crises das bolsas, falências bancárias e crises da dívida soberana. Assim, a globalização financeira veio desestabilizar modos de desenvolvimento que não estavam desprovidos de tensões nem de contradições, mas cuja viabilidade foi severamente comprometida em decorrência da erosão, pela finança, da maioria das formas institucionais e das próprias limitações do modo de regulação, diante da novidade e da extensão do choque da financeirização (*cf.* Figura 13).

Incoerência do regime de acumulação, algum tempo dissimulada pela plasticidade da finança globalizada

Há outra forma de impacto da finança sobre a gênese de uma crise maior. Quando um país se abre completamente para a finança internacional, e desde que sua política econômica estiver em conformidade com a ortodoxia, por exemplo a ortodoxia do consenso de Washington, ele verá afluir os capitais que se destinarão principalmente aos setores mais rentáveis, muitas vezes os setores que estão ao abrigo da concorrência internacional, como é o caso dos serviços coletivos, do setor imobiliário ou ainda do financiamento da dívida pública. Os agentes domésticos contraem então dívidas em moeda estrangeira, enquanto o aumento do crédito impulsiona, sobretudo, as capacidades de produção do setor ao abrigo da concorrência internacional, favorecendo, portanto, o consumo — o que, numa economia aberta ao comércio internacional, estimula as importações.

Distorções associadas aos fluxos de capitais — Em comparação, os investimentos diretos impulsionam, a longo prazo, apenas a capacidade exportadora, acarretando, a curto e médio prazos, a importação de máquinas e bens de equipamentos e de produtos intermediários. Se acrescentarmos o fato de que a abertura à concorrência internacional teve como efeito, à primeira vista, ocasionar a falência de empresas nacionais que deixaram de ser competitivas, veremos que o déficit comercial continuará a deteriorar-se. Bastará que o interesse dos mercados financeiros se retraia para que o fluxo de capital se inverta bruscamente e apareça uma crise financeira atingindo ao mesmo tempo os bancos e o câmbio.

Mas a origem dessa crise não está necessariamente relacionada a uma má gestão bancária ou a uma política monetária e orçamentária laxista: na realidade, é a incapacidade de fechamento do ciclo do regime de acumulação puxado pelas exportações e sujeito à globalização financeira que explica a gravidade da crise. Ela aparece como sistêmica, pois se combinam colapso do câmbio, falência e fechamento do sistema bancário e, às vezes, crise da dívida pública.

O colapso da Argentina — Tais são os encadeamentos que levam ao colapso da economia argentina. Aparentemente o país tinha encontrado nos anos 1990 um regime de crescimento compatível com o livre-comércio e com a globalização financeira. Transformada no bom aluno do consenso de Washington na segunda metade dos anos 1990, a Argentina dotara-se de um sistema moderno de supervisão bancária e beneficiava-se da credibilidade associada à escolha de uma taxa de câmbio fixa e irreversível com relação ao dólar.

Na verdade, a adaptação à concorrência internacional revelou-se mais destruidora que criadora de capacidades competitivas. A crise financeira demonstra a partir de então a incoerência desse regime de acumulação num país em que

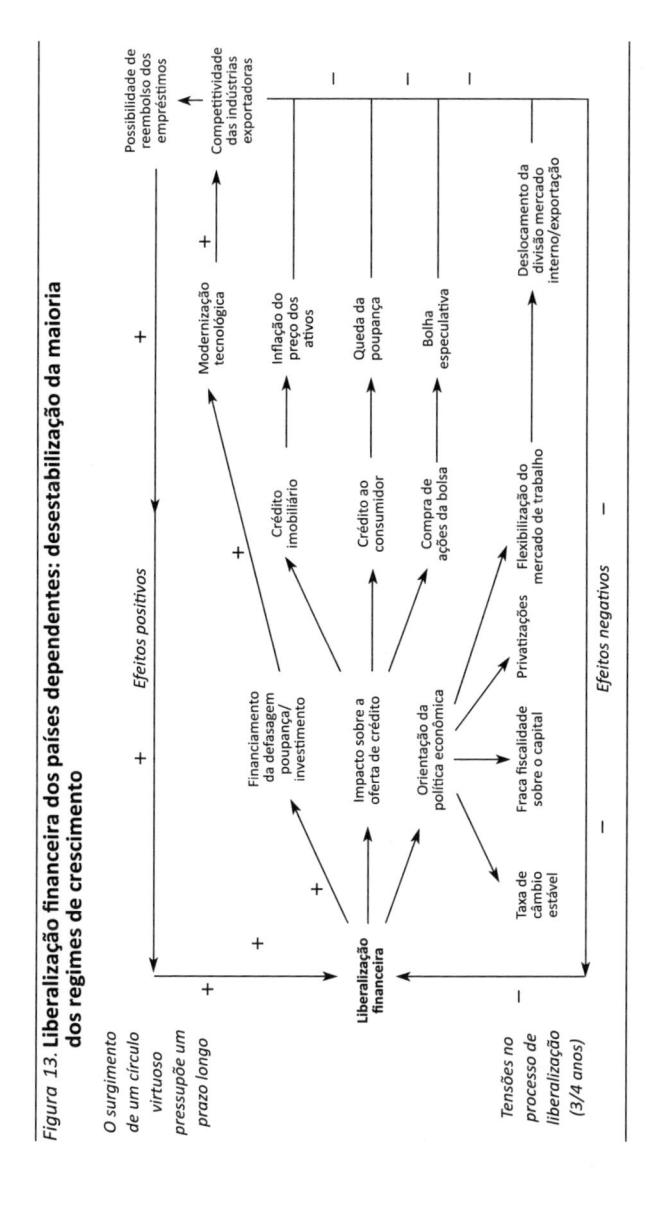

Figura 13. **Liberalização financeira dos países dependentes: desestabilização da maioria dos regimes de crescimento**

o setor exportador é de tamanho modesto ao passo que, para sustentar esse regime, o país foi obrigado a se endividar de maneira cumulativa. Em certo sentido, os notáveis desempenhos e resultados da economia argentina de 1993 a 1997 dissimulavam desequilíbrios estruturais que a liberalização não conseguiu resolver.

Assim, a trajetória argentina ilustra uma forma peculiar de crise (*cf.* Figura 13, pág. 135). Não somente interpõe-se uma prociclicidade das entradas de capitais, lançando uma fase de expansão alimentada pelo crédito, como também essa facilidade de acesso ao crédito oculta uma dimensão da não viabilidade do regime de acumulação, envolto por uma configuração institucional sem precedentes. A adoção do *currency board*, a liberdade completa dos fluxos de capitais e a liberalização do mercado interno eliminam a capacidade de reação aos percalços da economia internacional. Mais ainda, essas mudanças institucionais conduzem a economia argentina a um caminho caracterizado por desequilíbrios crescentes do regime de acumulação, por algum tempo, pelas entradas maciças de capitais.

Conclusão: recorrência das crises, mudança das suas formas

Desde sua origem, a teoria da regulação dá um papel central à análise das crises. A partir da observação da fadiga do regime fordista, as pesquisas dedicaram-se a fornecer uma análise histórica da sucessão das grandes crises. Nos anos 1980 e 1990, a multiplicação de crises e seu caráter surpreendente renovaram o interesse dos economistas pela formalização das crises financeiras e por uma volta à sua história, contribuindo com vários resultados e intuições. Entretanto a problemática regulacionista mantém a sua originalidade.

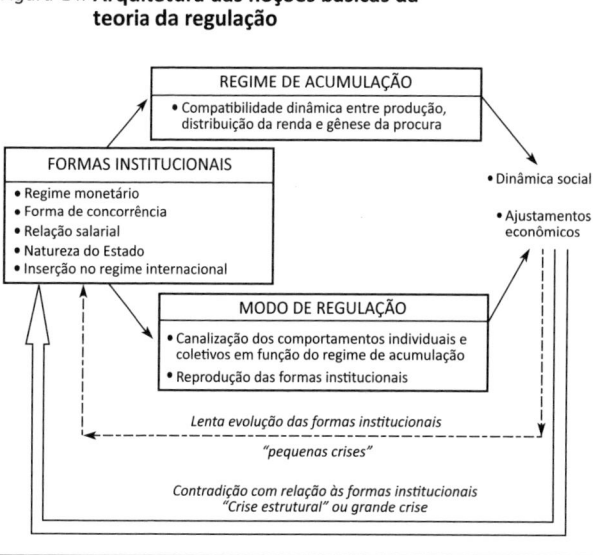

Figura 14. **Arquitetura das noções básicas da teoria da regulação**

```
┌─────────────────────────────────────────────────────────┐
│           REGIME DE ACUMULAÇÃO                          │
│   • Compatibilidade dinâmica entre produção,            │
│     distribuição da renda e gênese da procura           │
│                                                         │
│   FORMAS INSTITUCIONAIS                                 │
│   • Regime monetário                  • Dinâmica social │
│   • Forma de concorrência                               │
│   • Relação salarial                  • Ajustamentos    │
│   • Natureza do Estado                  econômicos      │
│   • Inserção no regime internacional                    │
│                                                         │
│           MODO DE REGULAÇÃO                             │
│   • Canalização dos comportamentos individuais e        │
│     coletivos em função do regime de acumulação         │
│   • Reprodução das formas institucionais                │
│                                                         │
│           Lenta evolução das formas institucionais      │
│                     "pequenas crises"                   │
│                                                         │
│       Contradição com relação às formas institucionais  │
│              "Crise estrutural" ou grande crise         │
└─────────────────────────────────────────────────────────┘
```

Em primeiro lugar, ela propõe uma série de definições originais das crises, como as limitações de um modo de regulação e/ou de um regime de acumulação. Com relação à economia de mercado em equilíbrio, toda crise é consequência de um processo temporal, não da constatação de uma imperfeição. Essa diferença de apreciação advém do fato de o ponto de partida da teoria da regulação ser o conceito de capitalismo e não a referência a uma economia composta por mercados interdependentes.

Em seguida, a teoria inscreve-se em um projeto de macroeconomia institucional e histórica. A maior parte dos macroeconomistas surpreendeu-se ao constatar que as crises das bolsas se sucedem, mas não se assemelham, e que os motivos da crise asiática não são os mesmos observados na América Latina nos anos 1980. A teoria da regulação inscreve-se na linhagem dos trabalhos de história econômica e financeira, que consideram que "cada economia tem as crises de sua estrutura". Mais precisamente, para cada modo de regulação há uma correspondência de formas bem precisas de pequena ou de grande crise. Da mesma forma, se as crises se sucedem, mas não se parecem, isso quer dizer que diferentes regimes de acumulação podem se suceder no tempo e coexistir no espaço, uma vez que o capitalismo está em permanente inovação, institucional e tecnológica.

Por fim, as novas teorias macroeconômicas partem do princípio da estabilidade do equilíbrio econômico, de modo que as crises aparecem necessariamente como anomalias ou curiosidades. Na teoria da regulação, a análise das consequências das formas institucionais sobre a natureza dos ajustes econômicos levanta a questão da viabilidade de um dado regime econômico ou, pelo contrário, da incoerência desse regime ou do advento de sua crise (*cf.* Figura 14). Regulação e crise são as duas faces de uma mesma problemática.

Conclusão

Anomalias em busca de explicações

Por que, nos anos 1970, as situações de estagflação, isto é, de aceleração da inflação e ao mesmo tempo de recessão econômica, se generalizaram? Os choques do petróleo seriam o equivalente moderno da escassez que as sociedades rurais conheceram até o século XVIII? Mesmo que na história se repitam colapsos bruscos das cotações das bolsas, como explicar que seus impactos sejam tão diferentes ao longo do tempo? Nos EUA, não se observaram em sequência uma depressão e uma deflação de 1929 a 1932, uma retomada econômica e uma leve inflação após 1987, uma recessão econômica e a continuação de uma inflação moderada quando da explosão da bolha da internet em 2001? Por que, desde então, a evolução da economia norte-americana não reproduz a quase estagnação e a tendência de deflação observada nos anos 1990 no Japão?

Essas são algumas das questões que a teoria da regulação aborda prioritariamente. Sua indagação central tem como objeto a mudança: como explicar que as mesmas causas não tenham as mesmas consequências sempre e em todos os lugares? A resposta é simples: modo de regulação e regime de acumulação variam no tempo e no espaço, já que o capitalismo é fundamentalmente uma dinamização da história por meio da inovação tecnológica e institucional.

Do bom uso do conceito de "capitalismo"

A referência ao conceito tão carregado de capitalismo não pressupõe que prevaleçam tendências trans-históricas e globais que explicariam a sequência dos regimes de acumulação? Ainda que derivada das intuições marxistas, a teoria da regulação nega a ideia de leis evolutivas imanentes ao capitalismo. O desenvolvimento das forças produtivas não determina a dinâmica das relações sociais. Os regimes de acumulação não estão totalmente condenados a ir de encontro à queda tendencial da taxa de lucro. Tampouco é inelutável que um regime de acumulação com escala mundial se imponha.

Efetivamente, é importante especificar a forma precisa que as relações sociais capitalistas assumem, como são moldadas pelos conflitos sociais e políticos, a concorrência entre os espaços nacionais, ou ainda as grandes crises que marcam o desenvolvimento desse sistema econômico. Dessa multiplicidade dos fatores que moldam a configuração das formas institucionais, derivam dois resultados importantes.

Paradoxo da origem das instituições econômicas

Em primeiro lugar, a maioria das instituições básicas de uma economia tem uma *origem extraeconômica*, muitas vezes política. O regime monetário é claramente associado à soberania política, ainda que seja a base das relações mercantis. O Estado está longe de ter como lógica única favorecer a acumulação e de ser a expressão de uma classe dominante, a classe dos capitalistas-empresários. Fundamentalmente, ele resulta da conjunção de compromissos institucionalizados, compromissos eles mesmos reflexo de coalizões políticas, muitas vezes contingentes.

A orientação e a eficácia das ferramentas tradicionais da política econômica são consequentemente reavaliadas. Assim, a relação salarial, expressão da subordinação dos assalariados, sob a aparência de uma relação de mercado igualitária, é o esteio de conflitos e de antagonismos que se estendem a outros tantos compromissos. Eis a razão de a existência e a viabilidade de um modo de regulação e de um regime de acumulação serem sempre contingentes e terem de ser provadas pela experiência.

Em segundo lugar, é assim que se podem explicar tanto a tranformação dos modos de regulação ao longo da história quanto a variedade dos mesmos numa dada época. Os mesmos fatores que dão origem à coerência de uma determinada arquitetura institucional podem acionar tendências de alteração das diversas formas institucionais, resultando, a prazo, em uma crise. Outra origem das grandes crises deve-se ao fato de, diante de inovações consideradas radicais — inovações técnicas, organizacionais, institucionais —, nenhum planejador poder garantir *ex ante* a viabilidade dos ajustes econômicos que dizem respeito à acumulação, naturalmente problemática e portadora de conflitos. A diversidade dos modos de regulação contemporâneos é apenas a expressão condensada da especificidade das trajetórias nacionais com relação à constituição, na história, dos compromissos institucionalizados e das formas institucionais.

Macroeconomia institucional e histórica

Essa é em última análise a forma como a teoria da regulação se apresenta. Nesse sentido, ela combina diversos métodos: análise institucional, estudo estatístico e depois estudo econométrico, formalização dos ajustes referentes às diversas formas institucionais, análise das características do conjunto dos modos de regulação e formalização das diveras escalas de tempo em modelos não lineraes. Portanto, não é surpreendente que os regulacionistas se recusem a recorrer de pronto a um agente representativo para persistir na polarização dos grupos e de seus conflitos de interesse. Já que é sempre situada institucional e historicamente, a racionalidade é raramente substancial e completa. Além disso, ao modelo normativo da teoria neoclássica, que converteria todas as relações econômicas em relações de concorrência em mercados ideais, a teoria da regulação opõe a hierarquia das formas institucionais, reflexo das relações de poder que se enunciam em coalizões políticas. Por fim, o tempo cinemático dos modelos jamais se confunde com o tempo histórico, pois as regularidades que o economista estima evidenciar são, em sua maioria, contingentes e limitadas a uma época circunscrita.

O economista, um Sísifo moderno

Joan Robinson tinha o costume de mencionar um paradoxo no cerne da atividade dos economistas: mal acabavam de descobrir os delineamentos de um regime de crescimento, advinha uma crise que tornava anacrônicas suas análises sobre o período, já findo. Eis o calcanhar de Aquiles da teoria da regulação. Duvidando — com o apoio de provas — da existência de leis econômicas trans-históricas, a teoria não cessa de tentar diminuir, sem, contudo, obter sucesso, o tempo que separa a percepção de mudanças potencialmente fundamentais, por natureza difíceis de decifrar, da pertinência de eventuais novos modos de regulação. O reconhecimento dessa defasagem é muitas vezes considerado uma fraqueza redibitória e uma prova da falta de cientificidade da teoria. Poderia se tratar, pelo contrário, de seu traço distintivo e da força de sua metodologia.

A presente obra terá cumprido seu objetivo se conseguir convencer o leitor das potencialidades dessa problemática que não se limita a uma análise do fordismo, ainda que tenha desempenhado um grande papel no nascimento e na propagação da teoria. Graças a sua inserção no período longo da história e à atenção conferida às relações entre as esferas política e

CONCLUSÃO

econômica, a teoria da regulação não tem contribuído para tornar compreensível uma série de transformações contemporâneas? Pretendemos continuar desenvolvendo esta temática num segundo volume da obra, que terá como objeto primordial a apresentação dos avanços mais recentes deste programa de pesquisa.

CRONOLOGIA: ORIGENS E ETAPAS DA TEORIA DA REGULAÇÃO

Início dos anos 1970
Economistas que trabalhavam para a administração econômica da França (INSEE, Direção de Previsão), autores de modelos macroeconométricos (Bernanrd Billaudot [DECA], Michel Aglietta [FIFI], Robert Boyer, Jacques Mazier [STAR]), observam uma ruptura, a partir de 1967, das regularidades econômicas: lento e constante aumento do desemprego no país, aceleração geral da inflação e desaceleração do crescimento após o primeiro choque do petróleo. Inspirados por Michal Kalecki, Nicholas Kaldor e Joan Robinson, e atraídos pela análise de longo prazo das transformações do capitalismo, levam a efeito uma avaliação crítica do poder de explicação das hipóteses marxistas.

Concomitantemente, economistas inspirados pelos trabalhos de Paul Boccara [1974] reúnem-se no Grupo de Pesquisa sobre a Regulação da Economia Capitalista (GREEC), dirigido por Gérard Destanne de Bernis, e formulam um projeto idêntico ao analisar as transformações do capitalismo contemporâneo. Eles tomam emprestada do epistemólogo Georges Canguilhem [1974] a noção de regulação, dando às análises um sentido novo.

1976
Michel Aglietta publica *Régulation et crises du capitalisme*, inaugurando um novo ramo da teoria da regulação que se distancia progressivamente da filiação do CME. A crise dos anos 1970 é a do fordismo, regime no qual o consumo dos assalariados é a força motriz do crescimento, em decorrência das transformações fundamentais ocorridas nas convenções coletivas, na gestão de uma moeda de crédito e nas formas de concorrência entre empresas-conglomerados.

1977	Um grupo de economistas do CEPREMAP confirma, em relação à França, o diagnóstico de Michel Aglietta referente aos EUA. À regulação da concorrência do século XIX e do período entre-guerras sucede a regulação monopolista do fordismo, o entre-guerras constituindo um período de articulação marcado pela crise de 1929. CEPREMAP-CORDÈS: "Approches de l'inflation".
1978	Robert Boyer, Jacques Mistral: *Accumulation, inflation, crises*.
1979	Alain Lipietz: *Crise et inflation, pourquoi?*
Anos 1980	Os primeiros resultados encorajam a reflexão sobre os fundamentos teóricos da regulação (teoria do mimetismo, de René Girard, análises sobre o Estado, lutas de classificação e não mais somente lutas de classes).
1982	Michel Aglietta, André Orléan: *La Violence de la monnaie*.
1983	Robert Delorme, Christine André: *L'État et l'économie*.
1984	Michel Aglietta, Anton Bender: *Les Métamorphoses de la société salariale*. • A multiplicação dos estudos comparativos e das análises históricas de longo prazo revela a variedade dos regimes de acumulação, apesar da persistência de alguns autores em fazer do fordismo um modelo potencialmente universal. Maurice Baslé, Jacques Mazier, Jean-François Vidal: *Quand les crises durent...*
1985	Carlos Ominami: *Les Fluctuations économiques em URSS*. Alain Lipietz: *Mirages et miracles*.
1986	Carlos Ominami: *Le Tiers Monde dans la crise*. Robert Boyer (org.): *La Flexibilité du travail en Europe*. Pascal Petit: *Slow Growth and the Service Economy*. • Primeira síntese de uma década de pesquisas. Robert Boyer: *Théorie de la régulation. Une analyse critique*. • As trajetórias das escolas de Grenoble e parisiense tendem a divergir. GREEC: *Crise et régulation*. Robert Boyer (org.): *Capitalismes fin de siècle*.
1988	Colóquio Internacional de Barcelona sobre a Teoria da Regulação. *Cf.* Robert Boyer [1988b]: "Les Théories de la régulation: Paris, Barcelone, New York..."

CRONOLOGIA: ORIGENS E ETAPAS DA TEORIA DA REGULAÇÃO

Anos 1990	Segunda fase de aprofundamento das noções básicas e especialização das pesquisas em conformidade com as áreas: pós-fordismo, teoria do Estado, finança, relação da teoria das convenções com a teoria da regulação, etc.
1991	Benjamin Coriat: *Penser à l'envers*.
1992	Bruno Théret: *Régimes économiques de l'ordre politique*.
1993	Robert Boyer, Jean-Pierre Durand: *L'Après-fordisme*.
1994	André Orléan: *Analyse économique des conventions*. Bruno Théret: *L'État, la finance et le social*, cuja síntese reunindo 45 autores encontra-se em:
1995	Robert Boyer, Yves Saillard (orgs.): *Théorie de la régulation: l'état des savoirs*. A extensão das transformações institucionais dos anos 1990 exige um deslocamento dos centros de interesse: internacionalização, construção europeia, integração regional; acirramento da concorrência; financeirização da acumulação; hipótese de derrocada da hierarquia das formas institucionais.
1996	Bernanrd Billaudot: *L'Ordre économique de la société moderne*.
1997	• *Année de la régulation n° 1: Europe et méthodologie des comparaisons internationales*. Frédéric Lordon: *Les Quadratures de la politique économique*.
1998	• *Année de la régulation n° 2: Économie politique internationale et changements institutionnels*, entre os quais se encontra Pascal Petit: "Formes structureles et régimes de croissance". Michel Aglietta: *Le Capitalisme de demain. La monnaie souveraine* (com André Orléan).
1999	• *Année de la régulation n° 3: Politique économique*. Bernard Chavance et al. : *Capitalisme et socialisme en perspective*. André Orléan: *Le Pouvoir de la finance*.
Anos 2000	Posicionamento de pesquisas regulacionistas relativas às diversas correntes institucionalistas, recepção por parte da comunidade internacional, projeto de macroeconomia institucional e histórica, controvérsias sobre a viabilidade de um regime de acumulação puxado pela finança, impacto da internacionalização sobre a diversidade das formas de capitalismo, confronto com as análises em matéria de variedade de capitalismos, atenção crescente à formação das políticas econômicas e às condições de sucesso das reformas institucionais.

2000 • *Année de la régulation n° 4: Fundos de pensão e "novo capitalismo".*
Robert Boyer, Toshio Yamada: *Japanese Capitalism in Crisis.*

2001 • *Année de la régulation n° 5: Économie politique du développement.*
Bernard Billaudot: *Régulation et croissance.*
Robert Boyer, Pierre-François Souiry: *Mondialisation et régulations.*
Bob Jessop (org.): *Regulation Theory and the Crisis of Capitalism* (exemplo da dificuldade de difusão, no mundo anglo-saxão, da teoria da regulação por seus pioneiros).
Stefano Palombarini: *La Rupture du compromis social italien.*

2002 • *Année de la régulation n° 6: Économie politique du capitalisme.*
Robert Boyer: *La Croissance début de siècle.*

2003 • *Année de la régulation n° 7: Les Institutions et leurs changements.*
Bruno Amable: *The Diversity of Modern Capitalism.*
Consciência das diferenças entre os programas de pesquisa regulacionista e pesquisa convencionalista: incorporação da ética ou economia política das instituições?

2004 • *Année de la régulation n° 8: Idées et espaces.*
Robert Boyer: *Une Théorie du capitalisme est-elle possible?*
Michel Aglietta, Antoine Rebérioux: *Dérives du capitalisme financier.*

Referências bibliográficas

Aglietta M. *Régulation et crises du capitalisme*, Paris: Calmann-Lévy, 1976; 2ª ed. 1982. Reed., prefácio novo, Paris: Odile Jacob, 1997.

_____. *Macroéconomie financière*, vols. 1 e 2, Paris: La Découverte, 1995, nova edição em 2001.

_____. "Le Capitalisme de demain", *Notes de la Fondation Saint-Simon*, Paris, nov. 1998.

Aglietta M., Bender A. *Les Métamorphoses de la société salariale. La France en projet*, Paris: Calmann-Lévy, 1984.

Aglietta M., Orléan A. *La Violence de la* monnaie, Paris: PUF, 1982.

_____. (orgs.), *La Monnaie souveraine*, Paris: Odile Jacob, 1998.

_____. *La Monnaie: entre violence et confiance*, Paris: Odile Jacob, 2002.

Aglietta M., Rebérioux A. *Dérives du capitalisme financier*, Paris: Albin Michel, 2004.

Akerlof G. *An Economic Theorist's Book of Tales*, Cambridge: Cambridge University Press, 1984.

Amable B. *The Diversity of Modern Capitalism*, Oxford: Oxford University Press, 2003.

Amable B., Barré R., Boyer R. *Les Systèmes d'innovation à l'ère de la globalisation*, Paris: OST/Economica, 1997.

Aoki M. *Fondements d'une analyse institutionnelle comparée*, Paris: Albin Michel, 2006.

Arthur B. *Increasing Returns and Path Dependence in the Economy*, Ann Arbor: The University of Michigan Press, 1994.

Baran P., Sweezy P. *Le Capitalisme monopoliste*, Paris: Maspero, 1970.

Baslé M., Mazier J., Vidal J.-F. *Quand les crises durent...*, Paris: Economica, 1984, nova edição em 1993.

Bébéar C. *Ils Vont Tuer le Capitalisme*, Paris: Plon, 2003.

Bénassy J.-P. *Macroéconomie et théorie du déséquilibre*, Paris: Dunod, 1984.

Bénassy J.-P., Boyer R., Gelpi R.-M. "Régulation des économies capitalistes et inflation", *Revue Économique*, vol. 30, n° 3, maio 1979, p. 397-441.

Berle A. A., Means G. *The Modern Corporation and Private Property*, New Brunswick: Transaction Publishers, The State University, 1932, nova edição em 1991.

Bertoldi M. "The Growth of Taiwanese Economy: 1949-1989. Success and Open Problems of a Model of Growth", *Review of Currency Law and International Economics*, vol. 39, n° 2, 1989, p. 245-288.

Bertrand H. "Accumulation, régulation, crise: un modèle sectionnel théorique et appliqué", *Revue Économique*, vol. 34, n° 6, mar. 1983.

Billaudot B. *L'Ordre économique de la société moderne*, Paris: L'Harmattan, 1996.

_____. *Régulation et croissance. Une Macroéconomie historique et institutionnelle*, Paris: L'Harmattan, 2001.

Billaudot B., Gauron A. *Croissance et crise*, Paris: La Découverte, 1985.

Blair M. M. "Shareholder Value, Corporate Governance, and Corporate Performance", *in* Cornelius P. K., Kogut B. (orgs.), *Corporate Governance and Capital Flows in a Global Economy*, Oxford: Oxford University Press, 2003, p. 53-82.

Boccara P. *Études sur le capitalisme monopoliste d'État*, Paris: Éditions Sociales, 1974.

Bouvier J. *L'Historien sur son métier*, Paris: Éditions des Archives Contemporaines, 1989.

Bowles S., Gordon D. M., Weiskopf T. E. *L'Économie du gaspillage. La Crise américaine et les politiques reaganiennes*, Paris: La Découverte, 1986.

Bowles S., Boyer R. "Notes on Employer Collusion, Centralized Wage Bargaining and Aggregate Employment", *in* Brunetta R., Dell'Aringa C. *Labour Relations and Economic Performances*, Londres: McMillan, 1990, p. 304-352.

_____. "Wages, Aggregate Demand, and Employment in an Open Economy: A Theoretical and Empirical Investigation", *in* Epstein G., Gintis H. (orgs.), *Macroeconomic Policy after the Conservative Era: Studies in Investment, Saving and Finance*, Oxford: Oxford University Press, 1995.

Boyer R. "Les Salaires en longue période", *Économie et Statistique*, n° 103, set. 1978, p. 27-57.

_____. *Théorie de la régulation. Une Analyse critique*, Paris: La Découverte, 1986a.

_____. (org.) *La Flexibilité du travail en Europe*, Paris: La Découverte, 1986b.

_____. (org.), *Capitalismes fin de siècle*, Paris: PUF, 1986c.

_____. "Formalizing Growth Regimes", *in* Dosi G., Freeman C., Nelson R., Silverberg G., Soete L. (orgs.), *Technical Change and Economic Theory*, Londres: Pinter, 1988a.

REFERÊNCIAS BIBLIOGRÁFICAS

_____. "Les Théories de la régulation: Paris, Barcelone, New York... Réflexions autour du Colloque international sur les théories de la régulation", Barcelone, 16-18 jun. 1988, *Revue de Synthèse*, n° 2, abr.-jun., 1988b, p. 277-291.

_____. "Wage Labor Nexus, Technology and Long Run Dynamics: An interpretation and Preliminary Tests for the Us", *in* Di Mateo M., Goodwin R. M., Vercelli A. (orgs.), *Technological and Social Factors in Long Term Fluctuations, Lecture Notes in Economics and Mathematical Systems*, n° 321, Berlim: Springer Verlag, 1989, p. 46-65.

_____. "Le Bout du tunnel? Stratégies conservatrices et nouveau régime d'accumulation", *Économies et Sociétés*, série Théorie de la Régulation, R, n° 5, dez. 1990, p. 5-66.

_____. "Do Labour Institutions Matter for Economic Development?" *in* Rodgers G. (org.), *Workers, Institutions and Economic Growth in Asia*, Genebra: ILO/ILLS, 1994, p. 25-112.

_____. "Le Lien salaire/emploi dans la théorie de la régulation. Autant de relations que de configurations institutionnelles", *Cahiers d'Économie Politique*, n° 34, Paris: L'Harmattan, 1999, p. 101-161.

_____. "Les Mots et les réalités", *in* Cordelier S. (org.), *Mondialisation, au-delà des mythes*, Paris: La Découverte, 2000a, p. 13-56.

_____. "Is a Finance-led Growth Regime a Viable Alternative to Fordism? A preliminary analysis", *Economy and Society*, vol. 29, n° 1, fev. 2000, p. 111-145.

_____. "L'Après-consensus de Washington: institutionnaliste et systémique?", *L'Année de la régulation 2001-2002*, Paris: Presses de Sciences Po, vol. 5, 2002a, p. 13-56.

_____. *La Croissance début de siècle. De l'Octet au gène*, Paris: Albin Michel, 2002b.

Boyer R., Coriat B. "Marx, la technique et la dynamique longue de l'accumulation", *in* Chavance B. (org.), *Marx en perspective*, Paris: EHESS, jun. 1985, p. 419-457.

Boyer R., Dehove M., Plihon D. *Les Crises financières: analyse et propositions*, Rapport du Conseil d'Analyse Économique, Paris: La Documentation Française, 2004.

Boyer R., Durand J.-P. *L'Après-fordisme*, Paris: Syros, 1993.

Boyer R., Freyssenet M. *Les Modèles productifs*, Paris: La Découverte, 2000.

Boyer R., Juillard M. "Les États-Unis: Adieu au fordisme!", *in* Boyer R., Saillard Y. (orgs.), *Théorie de la régulation. L'État des savoirs*, Paris: La Découverte, 2002, p. 378-388.

Boyer R., Mistral J. *Accumulation, inflation, crises*, Paris: PUF, 1978, nova edição em 1982.

Boyer R., Orléan A. "Les Transformations des conventions salariales entre théorie et histoire", *Revue Économique*, n° 2, mar. 1991, p. 233-272.

Boyer R., Saillard Y. (orgs.) *Théorie de la régulation: l'état des savoirs*, Paris: La Découverte, 2002, nova edição atualizada.

Boyer R., Schméder G. "Un Retour à Adam Smith", *Revue Française d'Économie*, vol. 5, n° 1, 1990, p. 125-159.

Boyer R., Souiry P.-F. (orgs.), *Mondialisation et régulations*, Paris: La Découverte, 2001.

Boyer R., Yamada T. (orgs.), *Japanese Capitalism in Crisis*, Londres: Routledge, 2000.

Braudel F. *Civilisation matérielle, économie et capitalisme, XV-XVIIIe siècle*, 3 vols., Paris: Armand Colin, 1979.

Buechtemann C. H. (org.), *Employment Security and Labor Market Behavior*, Ithaca: Cornell University Press, 1993.

Canguilhem G. "Régulation", *Encyclopaedia Universalis*, vol. 14, 1974.

CEPREMAP-CORDÈS. "Approches de l'inflation: l'exemple français", Bénassy J.-P., Boyer R., Gelpi R.-M., Lipietz A., Mistral J., Munoz M., Ominami C., *Rapport de la Convention de Recherche*, n° 22/176, dez. 1977.

_____. "Approches de l'inflation: l'exemple français", *Recherches Économiques et Sociales*, n° 12, Paris: La Documentation Française, out. 1978, p. 7-59.

Chavance B., Magnin E., Motamed-Nejad R., Sapir J. *Capitalisme et socialisme en perspective. Évolution et transformations des systèmes économiques*, Paris: La Découverte, 1999.

Coriat B. *Penser à l'envers*, Paris: Bourgois, 1991.

_____. "La France: un fordisme brisé... sans successeur", *in* Boyer R., Saillard Y. (orgs.), *Théorie de la régulation: l'état des savoirs*, Paris: La Découverte, 1995, p. 389-397, nova edição em 2002.

Coriat B., Weinstein O. *Les Nouvelles Théories de l'entreprise. Une présentation critique*, Le Livre de Poche, Paris: Hachette, 1995.

Debreu G. *La Théorie de la valeur*, Paris: Dunod, 1954.

Defalvard H. "L'Économie des conventions à l'école des institutions", *Document de travail*, Noisy-le-Grand: Centre d'Études de l'Emploi, n° 2, jul. 2000.

Delorme R. (org.), *À l'Est du nouveau. Changements institutionnels et transformations économiques*, Paris: L'Harmattan, 1996.

Delorme R., André Ch. *L'État et l'économie. Un essai d'explication de l'évolution des dépenses publiques en France, 1870-1980*, Paris: Seuil, 1983.

Destanne de Bernis G. "Une Alternative à l'hypothèse de l'équilibre économique général: la régulation de l'économie capitaliste", GREEC, 1977 [1983], p. 12-51.

Duménil G., Lévy D. *Économie marxiste du capitalisme*, Paris: La Découverte, 2002.

Eymard-Duvernay F. "Conventions de qualité et formes de coordination", *Revue Économique*, vol. 40, 1989, p. 329-359.

_____. *Économie politique de l'entreprise*, Paris: La Découverte, 2004.

Fligstein N. *The Transformation of Corporate Control*, Cambridge (Mass.): Harvard University Press, 1990.

Garcia M.-F. "La Construction sociale d'un marché parfait: le marché au cadran de Fontaines-en-Sologne", *Actes de la Recherche en Sciences Sociales*, n° 65, nov. 1986, p. 2-13.

GRREC. *Crise et régulation. Recueils de textes*, vol. 1: 1979-1983, e vol. 2: 1983-1989, Grenoble: Université de Grenoble-2, 1983 e 1991.

Guerrien B. *L'Économie néoclassique*, Paris: La Découverte, 1996, 3ª ed.

Guibert B. *L'Ordre marchand*, Paris: Cerf, 1986.

Hilferding R. *Le Capital financier*, Paris: Minuit, 1970.

Hochraich D. *Mondialisation contre développement. Le Cas des pays asiatiques*, Paris: Syllepse, 2002.

Jessop B. "Twenty Years of the (Parisian) Regulation Approach: The Paradox of Success and Failure at Home and Abroad", *New Political Economy*, vol. 2, n° 3, 1997, p. 503-526.

_____ (org.), *Regulation Theory and the Crisis of Capitalism*, Cheltenham: Edward Elgar, 2001, 5 vols., *The Parisian Regulation School*, vol.1, *Regulationist Perspectives on Fordism and Post-Fordism*, vol. 3.

Juillard M. *Un Schéma de reproduction pour l'économie des États-Unis: 1948-1980*, Paris: Peter Lang, 1993.

Kondratieff N. *Les Grands Cycles de la conjoncture*, Paris: Economica, 1992. Edição original: Moscou: Voprosy Konjunktury, 1925.

Labrousse E. (org.), *Histoire économique et sociale de la France*, vol. 2, Paris: PUF, 1976.

Labrousse A., Weisz J.-D. (orgs.), *Institutional Economics in France and Germany: German Ordoliberalism Versus the French Regulation School*, Berlim: Springer, 2001.

Leibenstein H. *Beyond Economic Man: A New Foundation in Microeconomics*, Cambridge (Mass.): Harvard University Press, 1976.

Le Rider G. *La Naissance de la monnaie*, Paris: PUF, 2001.

Leroy C. "Les Salaires en longue période", *in* Boyer R., Saillard Y. (orgs.), *Théorie de la régulation: l'état de savoirs*, Paris: La Découverte, 2002, p. 114-125.

Lipietz A., *Crise et inflation, pourquoi?*, Paris: Maspero/La Découverte, 1979.

_____. *Le Monde enchanté: dela valeur à l'envol inflationniste*, Paris: La Découverte, 1983.

_____. *Mirages et miracles: problèmes de l'industrialisation dans le tiers monde*, Paris: La Découverte, 1985.

_____. *La Société en sablier*, Paris: La Découverte, 1998.

Lordon F. "Formaliser la Dynamique économique historique", *Économie Appliquée*, vol. 49, n° 1, 1996, p. 55-84.

_____. *Les Quadratures de la politique économique*, Paris: Albin Michel, 1997.

_____. "La 'Création de valeur' comme rhétorique et comme pratique. Généalogie et sociologie de la 'valeur actionnariale'", *L'Année de la Régulation*, vol. 4, Paris: La Découverte, 2000, p. 115-164.

Lorenzi H., Pastré O., Tolédano J. *La Crise du XXe siècle*, Paris: Economica, 1980.

Lucas R. E. *Studies in Business-Cycle Theory*, Cambridge (Mass.): The MIT Press, 1984.

Luxembourg R. *L'Accumulation du capital*, Paris: Minuit, 1967, vols. 1 e 2.

Mandel E. *La Crise: 1974-1978*, Paris: Flammarion, 1978.

Marx K. *Le Capital*, Paris: Les Éditions Sociales, 1972.

Mathias G., Salama P. *L'État surdéveloppé*, Paris: La Découverte, 1983.

Ménard C. (org.), *Institutions, Contracts and Organizations*, Cheltenham: Edward Elgar, 2000.

Miotti L., Quenan C. "Analyse des grandes crises structurelles: le cas de l'Argentine", in Neffa J. C., Boyer R. (orgs.), *La crisis argentina (1976-2001). Una vision desde las teorias institucionalistas y regulacionistas*, Madri: Mino y Davila, 2004

Mistral J. "Régime international et trajectoires nationales", in Boyer R. (org.), *Capitalismes fin de siècle*, Paris: PUF, 1986, p. 167-202.

Mjoset L. *The Irish Economy in a Comparative Institutional Perspective*, Dublin: National Economic and social Council, 1992.

Nadel H. *Marx et le salariat*, Paris: Le sycomore, 1983.

Neffa J. C., Boyer R. (orgs.), *La crisis argentina (1976-2001). Una vision desde las teorias institucionalistas y regulacionistas*, Madri: Mino y Davila, 2004.

North D. C. *Institutions, Institutional Change and Economic Performance*, Cambridge: Cambridge University Press, 1990.

Ominami C. *Le Tiers Monde dans la crise*, Paris: La Découverte, 1986.

Orléan A. *Le Pouvoir de la finance,* Paris: Odile Jacob, 1999.

_____. (org.), *Analyse économique des conventions*, Paris: PUF, 1994, nova edição em 2004.

Palombarini S. *La Rupture du compromis social italien*, Paris: CNRS, 2001.

Petit P. *Slow Growth and the Service Economy*, Londres: Frances Pinter, 1986.

_____. "Formes structurelles et régimes de croissance de l'après-fordisme", *L'Année de la régulation 1998*, vol. 2, Paris: La Découverte, 1998, p. 177-206.

Plihon D. (président), *Rentabilité et risque dans le nouveau régime de croissance*, rapport du groupe du Commissariat général du Plan, Paris: La Documentation Française, out. 2002

Polanyi K. *The Great Transformation*, trad. fr. Paris: Gallimard, [1946], 1983.

Ragot X. *Division du travail, progrès technique et croissance*, Paris: EHESS, 21 dez. 2000.

Rajan R. G., Zingales L. *Saving Capitalism from the Capitalists*, Nova York: Random House, 2003.

Réal B. *La Puce et le chômage*, Paris: Seuil, 1990.

Sapir J. *Les Fluctuations économiques en URSS, 1941-1985*, Paris: EHESS, 1985.

_____. *Les Trous noirs de la science économique. Essai sur l'impossibilité de penser le temps et l'argent*, Paris: Albin Michel, 2000.

Simon H. *Reason in Human Affairs*, Londres: Basil Blackwell, 1983.

Soros G. *The Crisis of Global Capitalism. Open Society Endangered*, Nova York: Public Affairs, 1998.

Spence M. "Job Market Signaling", *The Quarterly Journal of Economics*, ago. 1973, p. 353-374.

Stiglitz J. "Dependence of Quality on Price", *Journal of Economic Literature*, vol. 25, 1987, p. 1-48.

_____. *La Grande Désillusion*, Paris: Fayard, 2002.

_____. *The Roaring Nineties. A New History of the World's Most Prosperous Decade*, Nova York: W. W. Norton & Company, 2003.

Théret B. *Régimes économiques de l'ordre politique: esquisse d'une théorie régulationniste des limites de l'État*, Paris: PUF, 1992.

_____. (org.), *L'État, la finance et le social: souveraineté nationale et construction européenne*, Paris: La Découverte, 1994.

_____. "L'Effectivité de la politique économique: de l'auto-poïèse des systèmes sociaux à la topologie du social", *L'Année de la régulation 1999*, Paris: La Découverte, 1999, p. 127-168.

Varian H. *Analyse microéconomique*, Bruxelas: De Boeck, 1995.

Vidal J.-F. *Dépression et retour de la prospérité*, Paris: L'Harmattan, 2000.

Wallerstein I. *Le Système du monde du XVe siècle à nos jours*, Paris: Flammarion, 1978.

_____. *Le Capitalisme historique*, Paris: La Découverte, 1999.

Liberté • Égalité • Fraternité
RÉPUBLIQUE FRANÇAISE

Esta obra, publicada no âmbito do Ano da França no Brasil e do programa de participação à publicação Carlos Drummond de Andrade, contou com o apoio do Ministério francês das Relações Exteriores.

"França.Br 2009" Ano da França no Brasil/2009 é organizada no Brasil pelo Comissariado geral brasileiro, pelo Ministério da Cultura e pelo Ministério das Relações Exteriores; na França, pelo Comissariado geral francês, pelo Ministério das Relações exteriores e européias, pelo Ministério da Cultura e da Comunicação e por Culturesfrance.

Cet ouvrage, publié dans le cadre de l'Année de la France au Brésil et du Programme d'Aide à la Publication Carlos Drummond de Andrade, bénéficie du soutien du Ministère français des Affaires Etrangères.

« França.Br 2009 » l'Année de la France au Brésil est organisée :
En France : par le Commissariat général français, le Ministère des Affaires étrangères et européennes, le Ministère de la Culture et de la Communication et Culturesfrance.
Au Brésil : par le Commissariat général brésilien, le Ministère de la Culture et le Ministère des Relations Extérieures.